Weißt du, wie die Welt funktioniert?

Geheimnisse des Alltags leicht erklärt

Mit Texten von Karolin Küntzel

und

Illustrationen von Kathleen Richter

compact kids

compact kids ist ein Imprint der Compact Verlag GmbH

Baierbrunner Straße 27, 81379 München
Ausgabe 2016
7. Auflage

Text: Karolin Küntzel
Redaktionsleitung: Anja Fislage
Redaktion: Elena Bruns, Felicitas Szameit, Susann Harring
Fachredaktion: Volker Wollny
Produktion: Ute Hausleiter
Titelabbildungen: Titelillustration: Kathleen Richter; Button: www.fotolia.de: Arcady
Abbildungen: alle Illustrationen: Kathleen Richter; alle anderen Abbildungen:
siehe Bildnachweis S. 160
Gestaltung: ekh Werbeagentur GbR
Umschlaggestaltung: ekh Werbeagentur GbR

ISBN 978-3-8174-8904-6
381748904/7

www.compactverlag.de

Liebe Welt-Entdecker,

jeden Tag seid ihr von Dingen umgeben, die auf geheimnisvolle Art und Weise funktionieren. Das können technische Geräte sein wie der Scanner im Supermarkt oder Radios, aber auch ganz natürliche Ereignisse wie Regenwetter und das Frühlingserwachen der Blumen. Habt ihr euch schon einmal Gedanken darüber gemacht, wieso die Milch im Kühlschrank kalt bleibt oder die Fußgängerampel auf Grün springt? Falls ja, ist dieses Buch genau richtig für euch. Falls nicht, kann es euch vielleicht neugierig machen auf die Geheimnisse hinter den Dingen des Alltags.

Täglich begegnen euch ganz selbstverständlich technische Vorgänge. Sie sind im Fernseher genauso zu finden wie in der Herstellung eures T-Shirts, in der Gemüsedose ebenso wie in der Gangschaltung von eurem Fahrrad. Technik ist spannend und bei näherem Betrachten oft leichter zu verstehen als gedacht. Ähnlich verhält es sich mit der Natur. Der Mond ändert sein Aussehen, der Igel schläft im Winter und irgendwie schafft es der Baum, dass auch ganz oben in die Blätter Wasser kommt. Schon erstaunlich, was es alles gibt. Und warum?

Auf diese Frage findet ihr eine Menge Antworten im Buch. Die ganze Welt können wir hier natürlich nicht erklären, aber zumindest einen Teil davon. Gelüftet werden die Geheimnisse von Geräten und Maschinen, die euch zu Hause, auf der Straße oder im Supermarkt begegnen. Ihr lernt die Geheimnisse von Pflanze und Tier kennen, könnt hinter die Kulissen von Lebensmittel- und Kosmetikherstellung schauen und erfahrt, wodurch so manches in eurem Alltag leichter oder überhaupt erst möglich wird.

Wenn ihr ein Wort nicht versteht, könnt ihr flink im Glossar nachschauen. In einem Quiz am Ende des Buches könnt ihr testen, was ihr alles schon über die Welt und wie sie funktioniert, wisst.

Neugierig geworden? Dann Vorhang auf für Handy und Heizung, Fernseher und Fischstäbchen, Zeitung und Zahnpasta.

Viel Spaß beim Lesen und Entdecken!

Inhalt

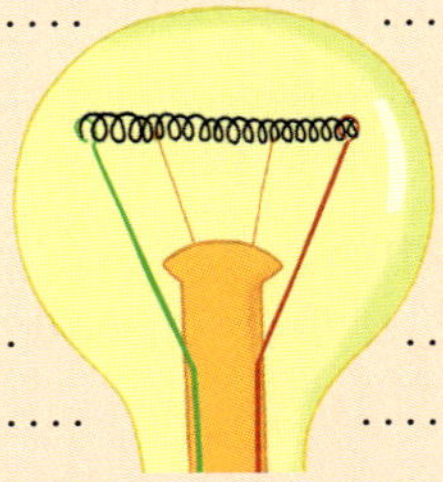

Wie kommt das Wasser in den Wasserhahn?

Wenn du zu Hause den Wasserhahn in Bad oder Küche aufdrehst, fließt Wasser heraus. Du kannst dir damit die Zähne putzen oder die Hände waschen. Sicherlich hast du dich schon öfter gefragt: Woher kommt das Wasser und welchen Weg hat es bis in den Hahn genommen? Und wohin fließt das Wasser anschließend?

Wasserverbrauch

Jeder Mensch in Westeuropa verbraucht durchschnittlich 120 Liter Wasser pro Tag. Das ist viel mehr, als zum Beispiel die Menschen in Indien verbrauchen. Einem Menschen dort würde dieselbe Menge für fünf Tage reichen.

Vom Regen in die Wasserleitung

Das Wasser, das du täglich benutzt, war ursprünglich einmal Regen. Das Regenwasser sickerte in den Boden und lief durch Erd- und Gesteinsschichten, bis es nicht mehr weiterkam. Dort hat es sich dann gesammelt. Das Wasser im Boden nennt man Grundwasser.

Regenwasser, das nicht in der Erde versickert, sammelt sich in Flüssen und Seen. Unser Wasch- und Trinkwasser kann also auch aus einem See gewonnen werden.

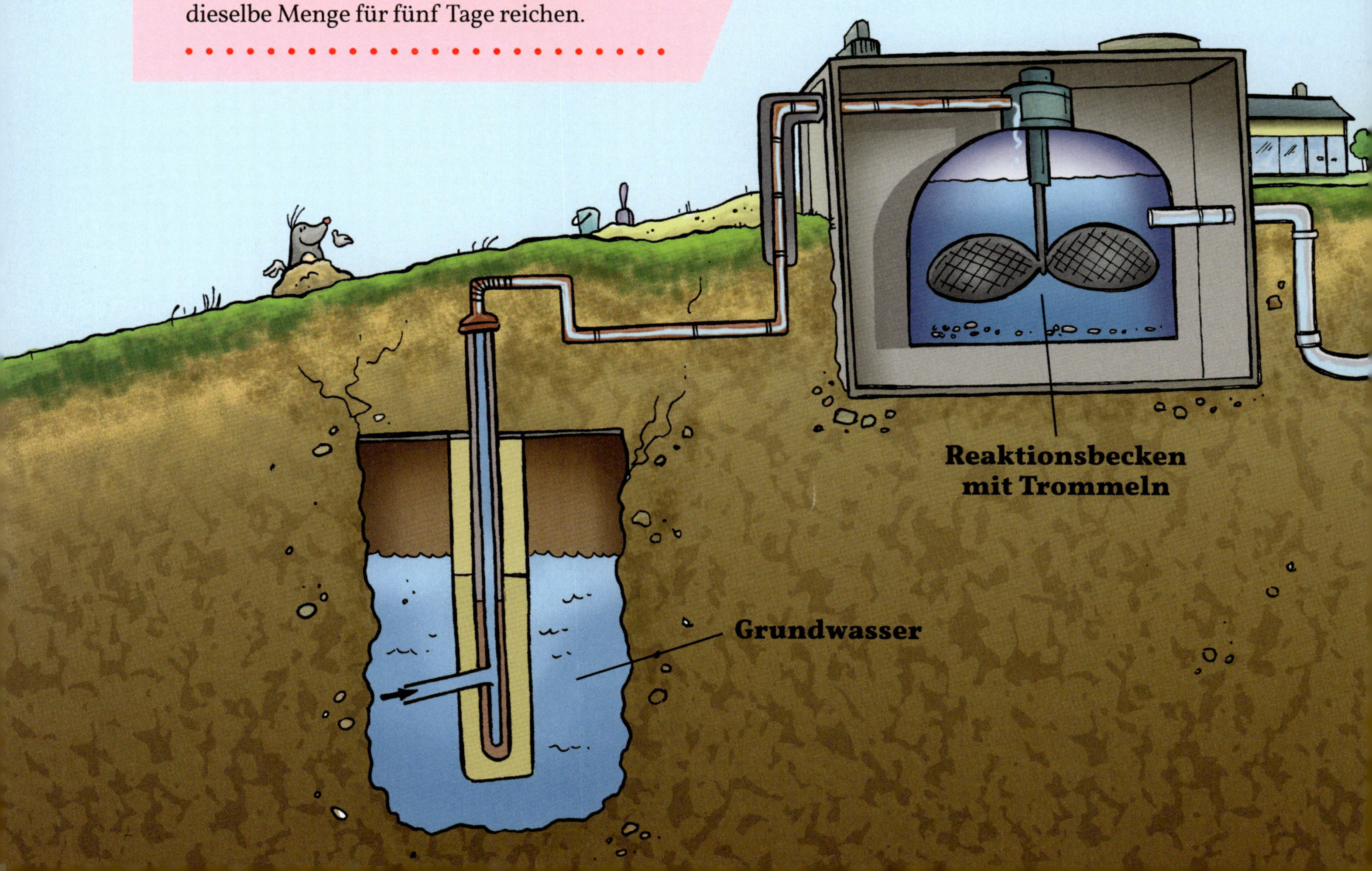

Im Wasserwerk

Das Wasser aus dem See wird in das Wasserwerk geleitet. Dazu sind unterirdisch große Rohre bis in die Seemitte verlegt worden. Eine Pumpe fördert das Wasser von dort an die Oberfläche und leitet es in ein großes Sammelbecken. Auch das Grundwasser wird in Rohren nach oben gepumpt und in das Wasserwerk geleitet. Trinken kannst du es jetzt natürlich noch nicht. Zuerst muss es gereinigt werden.

Gründlich geprüft!

Ob das Wasser im Wasserwerk wirklich sauber geworden ist, wird in einem Labor überprüft. Erst wenn alles in Ordnung ist, darf es durch die Leitungen in die Häuser fließen.

Wasser waschen – geht das?

Das Wasser wird in riesigen Trommeln gewaschen, durch die es hindurchfließt. Jede der Trommeln ist mit einem dünnen Gewebe bespannt. Dort bleiben alle Teilchen hängen, die gröber als der Stoff sind. Algen, Sand und was sonst noch so im Wasser schwimmt, auch ganz winzige Bestandteile, bleiben dort hängen.

Dann kommt Sauerstoff dazu. Er sorgt dafür, dass Keime abgetötet werden, sodass du das Wasser trinken kannst, ohne krank zu werden. Noch ein paar Mal filtern und dann ist das Wasser irgendwann ganz klar und sieht gar nicht mehr so trübe aus wie im See.

Leitungswege

Vom Wasserwerk aus führen unter der Erde verzweigte Rohre bis in jedes Haus. Wie ein riesiges unsichtbares Spinnennetz liegen sie im Boden und verbinden jedes Haus mit dem Wasserwerk. Im Haus wird das Wasser, nun in dünneren Rohren, in alle Räume verteilt, in denen es benötigt wird – zum Beispiel im Badezimmer. Stellst du dich morgens unter die Dusche, brauchst du nur den Hahn aufzudrehen. Der Wasserschwall macht dich dann frisch und munter.

Wasserrohrbruch

Manchmal geht ein Rohr kaputt. Dann fließt das Wasser unkontrolliert in die Umgebung. Um den Schaden zu beheben, wird das Wasser am Haupthahn abgestellt, den es in jedem Haus gibt. Ist der Hahn zugedreht, kommt im Haus kein Wasser mehr an.

Wohin führt der Abfluss?

Wenn du duschst, fließt dein Duschwasser in den Abfluss. Es verschwindet. Doch wohin eigentlich? Überall im Haus, wo Wasser ankommt, muss es auch wieder abgeleitet werden. Das geschieht in Abflussrohren. Schau doch mal bei dir zu Hause unter der Spüle in der Küche nach oder unter dem Waschbecken im Bad. Da kannst du ein gekrümmtes Rohr sehen, das in etwa so dick wie dein Arm ist. In diesem Rohr fließt das Wasser aus dem Haus und gelangt in ein dickes Kanalrohr, das wie die Frischwasserrohre in der Erde vergraben ist.

Im Klärwerk

Alle Abwasserrohre münden in ein Klärwerk. Dort wird das Wasser wieder sauber gemacht – „geklärt“, sagen die Fachleute dazu. Damit so richtig dreckiges Wasser wieder sauber wird, sind eine ganze Menge Arbeitsschritte und Klärbecken notwendig.

Jedes Becken hat eine andere Aufgabe. Im ersten werden alle groben Stoffe wie Laub oder Papier herausgefischt. Im zweiten kann sich der Sand absetzen. Ein Becken weiter fischt ein Gerät noch einmal Dreck aus dem Wasser.

Becken einer Kläranlage

Gully

Überall dort, wo ein Kanalschachtdeckel auf der Straße ist, befindet sich darunter ein Abwasserrohr. Den Deckel kann man öffnen. Von dort steigen Arbeiter in die Kanalisation, wenn dort unten etwas gereinigt oder repariert werden muss.

Nach all den Geräten kommen nun winzige kleine Lebewesen zum Einsatz: Bakterien. Du kannst sie mit bloßem Auge nicht sehen, doch sie leisten großartige Arbeit und fressen einen Teil des Schmutzes einfach auf. Schon ist das Wasser wieder ein bisschen sauberer. Bevor es aber wieder zurück in einen Fluss geleitet werden darf, muss es noch einmal gefiltert und getestet werden.

Klärschlamm

In den Klärbecken bleibt Schlamm zurück. Er wird eingesammelt und für die Energiegewinnung benutzt. Gas entsteht daraus und Brennstoff, mit dem man heizen kann.

Wie kommt der Strom in die Steckdose?

Wenn du Musik hörst, dir die Haare föhnst, ein Eis in den Gefrierschrank legst oder die Nachttischlampe anschaltest, brauchst du jedes Mal Strom. Er kommt aus der Steckdose und versorgt die angeschlossenen Geräte. Wie aber ist der Strom überhaupt bis in die Steckdose gekommen? Strom lässt sich auf ganz unterschiedliche Art und Weise und aus ganz verschiedenen Brennstoffen oder Energieformen gewinnen.

Hier wird Erdöl nach oben gepumpt.

Energie aus uralten Pflanzen

Kohle, Erdgas und Erdöl bezeichnet man als fossile Brennstoffe. „Fossil" bedeutet, dass es Überreste von Pflanzen und Tieren sind, die vor Millionen von Jahren tief in die Erde eingesunken und dort verrottet sind. Daraus entstanden die Brennstoffe. Kohle kann man in einem Kohlebergwerk abbauen. Erdgas und Erdöl kann man fördern, also durch Bohrlöcher wieder nach oben pumpen. Das geht allerdings nicht unbegrenzt. Denn diese uralten Rohstoffe sind irgendwann aufgebraucht und nicht erneuerbar, das heißt, sie wachsen nicht nach.

Erderwärmung

Um Energie zu gewinnen, müssen die fossilen Stoffe verbrannt werden. Dabei entstehen schädliche Gase, vor allem Kohlendioxid, kurz CO_2. Dieses Gas ist schlecht für die Umwelt. Es trägt zur weltweiten Klimaerwärmung bei.

Unerschöpfliche Energiequellen

Energie lässt sich auch an anderer Stelle in der Natur finden. Wenn du dich schon einmal in die Brandung gestellt hast, weißt du sicher, welche Kraft das Meer, also das Wasser, haben kann. Genauso ist es mit dem Wind. Er ist manchmal so stark, dass du dich gegen ihn lehnen kannst wie gegen eine Wand. Auch die Sonne hat Kraft. An einem heißen Sommertag bringt sie dein Eis zum Schmelzen und macht deine Limonade ganz warm. Das ist jede Menge Energie direkt aus der Natur und sie kann in Strom umgewandelt werden.

Solaranlagen auf einem Feld

Windräder können über 100 Meter hoch sein. Der Wind bläst in größerer Höhe nämlich viel stärker.

Strom aus Wind, Wasser und Sonne

Bei der Energiegewinnung aus Wasser und Wind wird Bewegung in elektrische Energie umgewandelt. Durch die Strömung des Wassers dreht sich die Turbine im Wasserkraftwerk und treibt dadurch einen Generator an. Ähnlich verhält es sich beim Windrad, das den Generator durch die Drehung seiner Flügel antreibt. Um die Energie der Sonne zu nutzen, kann man Solarzellen benutzen. Sie wandeln die Energie der Sonnenstrahlen direkt in elektrische Energie um.

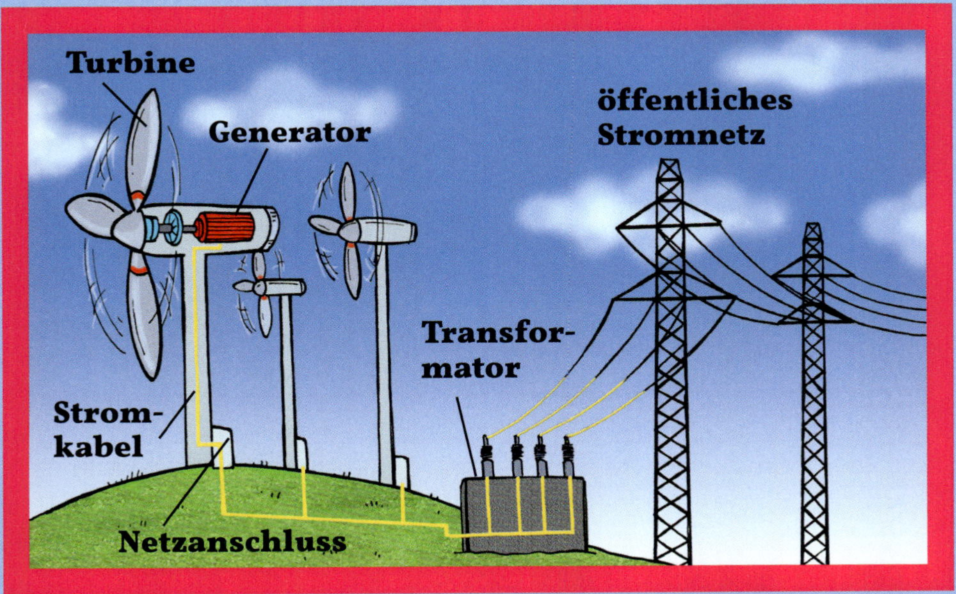

Der Weg von der Windkraftanlage ins Stromnetz

Eine Turbine kannst du dir wie einen großen Propeller vorstellen, den Generator wie deinen Dynamo am Fahrrad, nur eben viel größer. Wie bei deinem Fahrrad wandelt auch der Generator im Kraftwerk die Bewegungsenergie in elektrische Energie um, die dann in das Stromnetz gespeist wird. Dieser Strom sorgt dann unter anderem dafür, dass der Gefrierschrank funktioniert, in dem dein Eis liegt.

Und wie funktioniert ein Kohlekraftwerk?

In der Kohle ist Energie gespeichert. Wird die Kohle in einem Kraftwerk verbrannt, entsteht Wärme, die in Strom verwandelt werden kann. In einem Dampfkraftwerk wird mit der Kohle zum Beispiel Wasser unter sehr hohem Druck so weit erhitzt, dass es zu Wasserdampf wird. Dieser Dampf treibt mit hoher Geschwindigkeit Turbinen an, die mit einem Generator verbunden sind. Der Generator verwandelt dann die Bewegungsenergie in Strom, der vom Kraftwerk aus ins Stromnetz gelangt.

Atomstrom

Ähnlich wie Kohlekraftwerke nutzen Atomkraftwerke die Energie von Wasserdampf, um Turbinen und Generatoren anzutreiben. Die Wärme entsteht durch die Kernspaltung von Atomen. Atome sind ganz winzig kleine Teilchen.

Reise mit dem Strom

Von den Kraftwerken wird der Strom über Hoch-, Mittel- und Niederspannungsleitungen durch das Land bis in die Häuser und Wohnungen transportiert. Um den Strom gut über weite Strecken leiten zu können, wird er zunächst auf eine sehr hohe Spannung, das ist die Kraft, mit der Strom fließt, gebracht. In Umspannwerken wird er dann zur feineren Verteilung in die Städte und Dörfer auf Mittelspannung heruntergespannt.

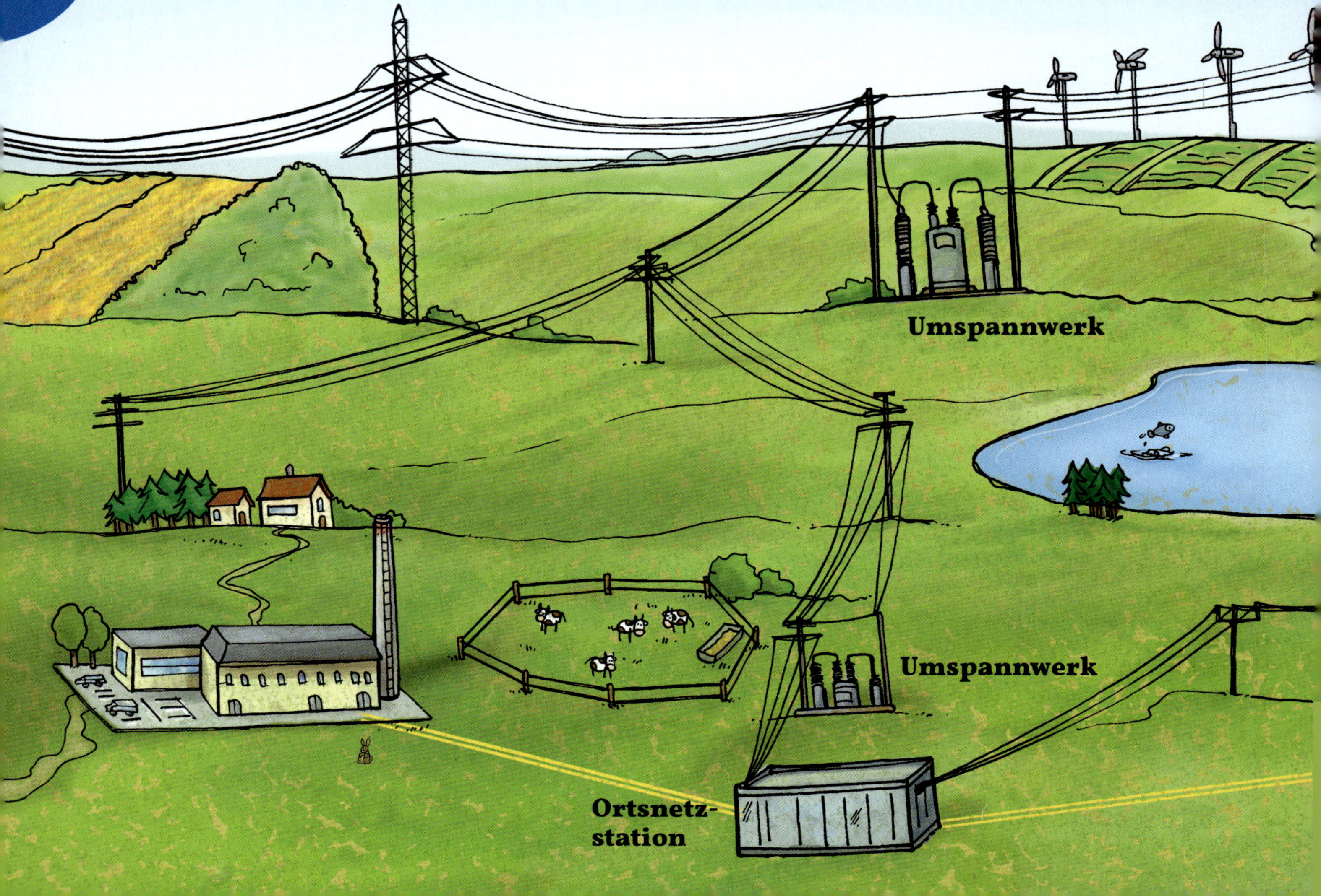

Vom Umspannwerk führen Stromkabel in die Ortsnetzstationen. Das sind kleine Häuschen, in denen ein Transformator, also ein Umwandler, steht. Dieser spannt den ankommenden Strom von Mittelspannung auf Niederspannung um. Die Kraft, mit welcher der Strom fließt, wird also verringert. Von dort wird der Strom zu den einzelnen Häusern weitergeleitet. Das geschieht in der Regel unterirdisch. In älteren Wohngebieten kannst du manchmal auch noch altmodische Freileitungen mit Dachständern sehen. Für jedes Haus gibt es eine eigene Abzweigung.

Im Haus gibt es dann einen Hausanschlusskasten. Er befindet sich meistens im Keller. Dort kommt die Leitung von der Abzweigung an. Sie wird im Kasten in viele einzelne Leitungen aufgeteilt, sodass jeder Raum an den Strom angeschlossen ist. Die Kabel sind in der Regel in der Wand verlegt und an ihrem Ende befindet sich zum Beispiel eine Steckdose. Stecker rein und schon kannst du CDs hören.

Stromausfall

Ist plötzlich kein Strom mehr da, kann das viele Ursachen haben. Manchmal ist es nur eine kaputte Sicherung im Haus. Es kommt aber auch vor, dass die Straße aufgebuddelt werden muss, um ein Stromkabel auszutauschen.

Wieso wird es warm, wenn ich am Heizungsknauf drehe?

Wenn du im Winter aus der Kälte in die kuschelige Wohnung kommst, ist das schön. Blöd nur, wenn vorher jemand die Heizung heruntergedreht hat und das Zimmer ausgekühlt ist. Drehst du am Heizungsknauf nach links, wird es aber schnell wieder warm. Wieso eigentlich?

Wasser marsch!

Im Heizkörper ist Wasser. Es fließt in einem ständigen Kreislauf durch die Rohre. Sicher hast du schon einmal eine Heizungstherme oder einen Heizkessel bei euch im Keller oder im Bad gesehen. Darin wird das Wasser für die Heizung erhitzt. Das warme Wasser fließt dann durch Leitungen in den Heizkörper. Die Heizkörper sind aus Metall. Sie werden durch das Wasser warm und ihre Wärme strahlt in das Zimmer ab. Irgendwann kühlt das Wasser in der Heizung ab und fließt durch ein zweites Rohr zurück zur Heizungstherme oder zum Heizkessel, wo es wieder erwärmt wird. Von dort strömt es dann wieder als warmes Wasser in die Heizung.

Hui, ist das kalt!

Wenn du frierst, drehst du die Heizung am Knauf auf. Du stellst also das Thermostat auf eine höhere Temperatur ein. Ein Ventil, das ist eine Art Verschluss, in dem Knauf regelt die Zufuhr von warmem Wasser.

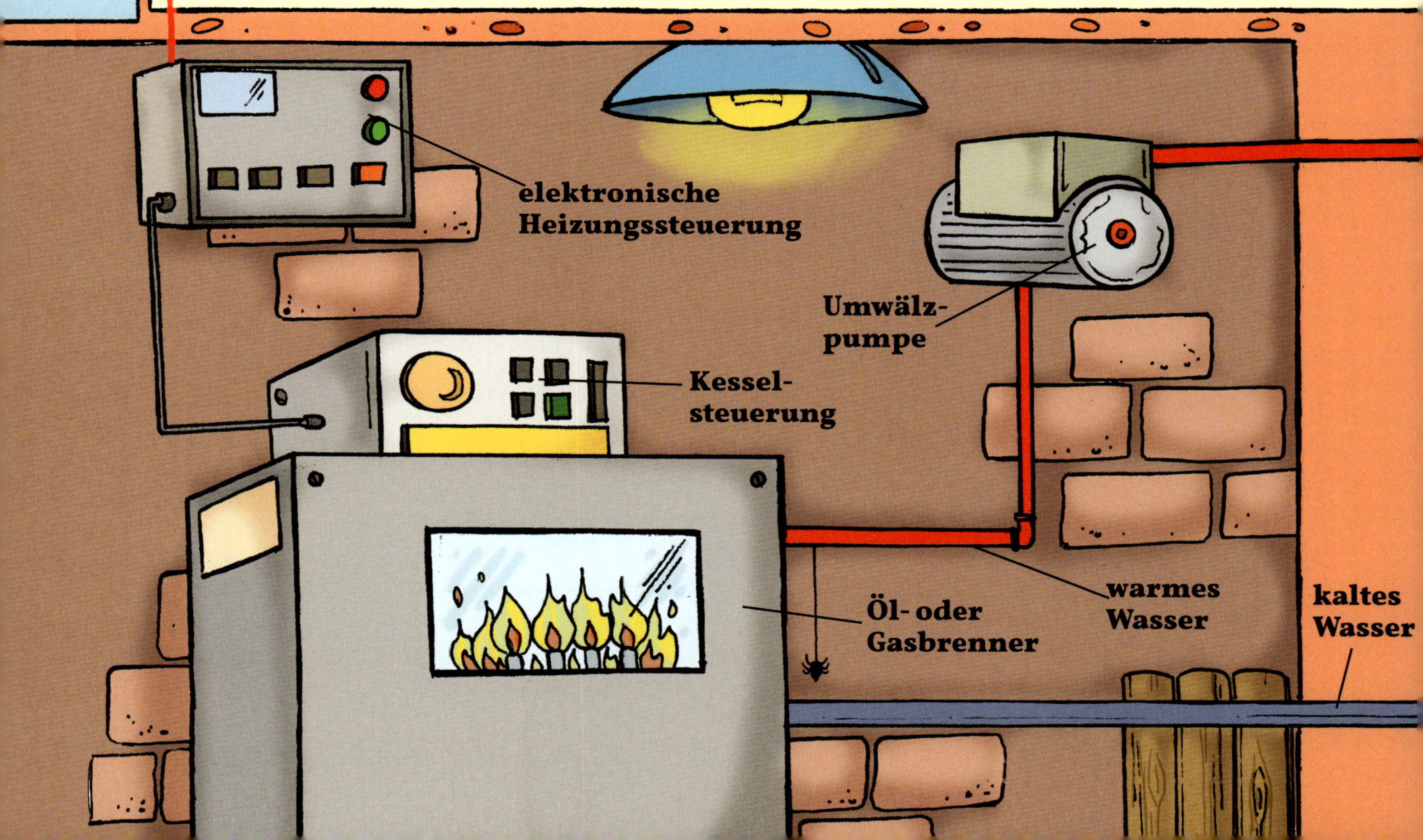

Wie warm soll es sein?

Ein Thermostat regelt die Raumtemperatur automatisch. Es funktioniert durch eine Art Wärmefühler. Ist es auf eine bestimmte Raumtemperatur eingestellt, hält es diese Temperatur von ganz alleine. Das funktioniert, weil im Ventilkopf eine Flüssigkeit ist, die sich ausdehnt, wenn sie warm wird. Dadurch verschließt das Ventil das Rohr, durch das das Wasser in die Heizung läuft, wie ein Korken und der Zufluss von weiterem warmen Wasser wird gestoppt.

Wird es im Raum dagegen zu kalt, zieht sich die Flüssigkeit zusammen. Das Ventil öffnet sich, bis der Raum wieder die am Ventil eingestellte Temperatur erreicht hat. Drehst du das Thermostat auf, pendelt sich die Heizung auf die neue Temperatur ein.

Das Thermostat kann nur gut arbeiten, wenn die Raumluft ungehindert daran vorbeiziehen kann. Ist es zum Beispiel durch Gardinen oder Möbel verdeckt, misst es die Raumtemperatur nicht mehr zuverlässig. Wenn du im Winter dein Zimmer lüftest, solltest du das Thermostat herunterdrehen. Durch die kalte Luft vom Fenster öffnet sich sonst das Ventil und die Heizung heizt gegen die einströmende Luft an.

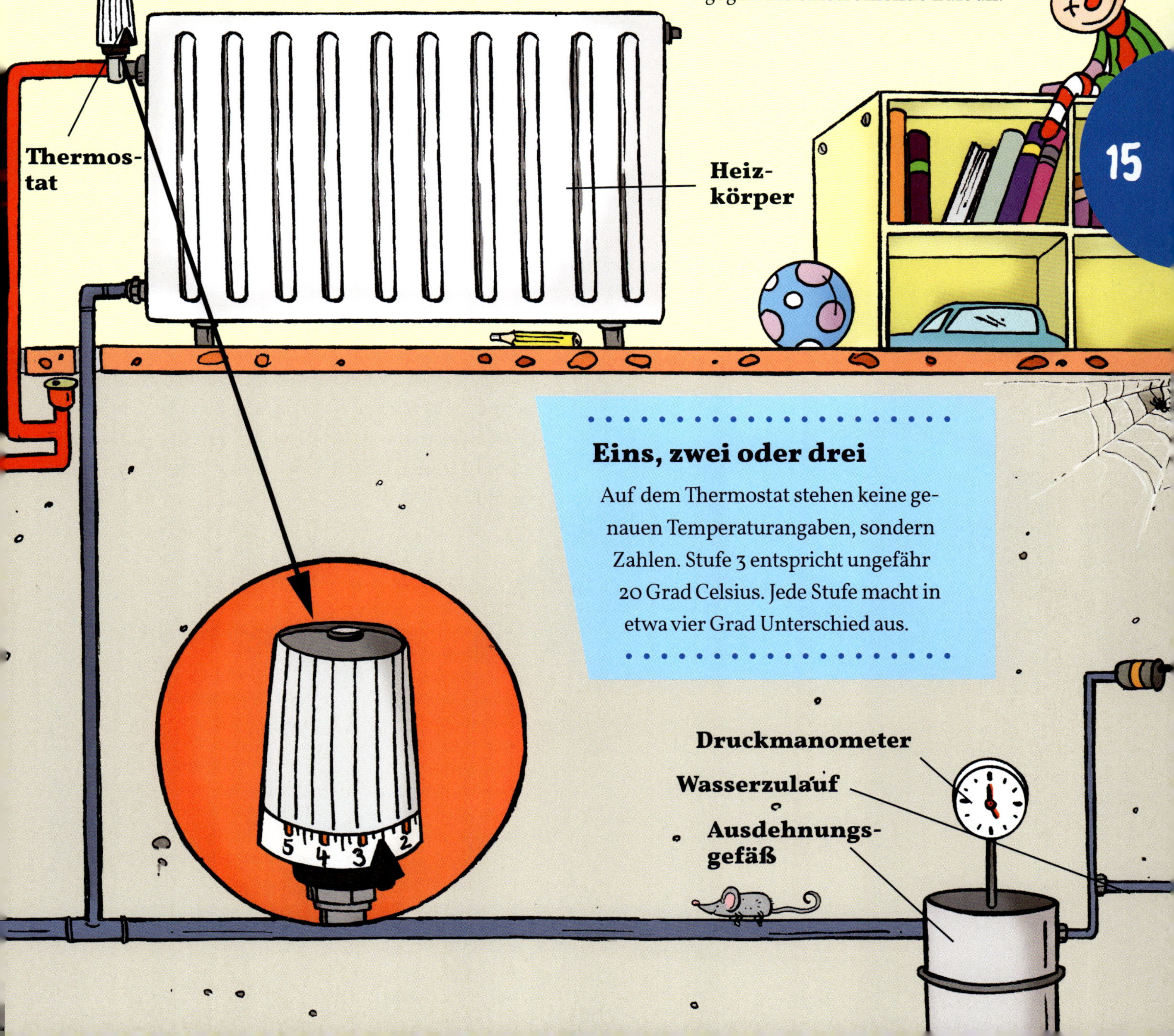

Eins, zwei oder drei

Auf dem Thermostat stehen keine genauen Temperaturangaben, sondern Zahlen. Stufe 3 entspricht ungefähr 20 Grad Celsius. Jede Stufe macht in etwa vier Grad Unterschied aus.

Wie kommt die Post zu mir nach Hause?

Bestimmt hast du schon einmal eine Karte in den Briefkasten geworfen und auf die Reise geschickt. Oder du hast selbst Post bekommen, von der Tante aus einer anderen Stadt oder dem Freund aus dem Urlaub. Welche Wege nimmt die Karte dann?

Eine Karte verschicken

Wenn deine Tante dir eine Geburtstagskarte schicken will, muss sie neben den Glückwünschen deine Adresse aufschreiben. Dazu gehören dein Name, die Straße, die Postleitzahl und der Ort, in dem du wohnst. Jetzt noch eine Briefmarke drauf und dann kann die Karte in den Briefkasten.

Im Briefzentrum

Der Briefkasten mit der Karte wird geleert und die ganze Post kommt in ein Briefzentrum. Dort stehen ganz viele Förderbänder und Maschinen. Die Briefe laufen über die Förderbänder von Station zu Station. Zuerst werden sie nach Größe sortiert und es wird geprüft, ob eine Briefmarke aufgeklebt ist. Die Marke wird abgestempelt, Briefe ohne Frankierung werden aussortiert. Bei deiner Postkarte ist alles in Ordnung, sie darf weiter.

Für ganz eilige und wichtige Sendungen gibt es einen Express-Service, mit dem Briefe und Pakete noch schneller verschickt werden können als mit der normalen Post. Das ist dann aber auch ein bisschen teurer.

Ohne Strichcode geht's nicht

Ein spezielles Lesegerät tastet anschließend die Adresse ab und gibt die Informationen an einen Strichcodedrucker weiter. Dieser druckt unten auf die Karte deine Adresse in verschlüsselter Form auf. Dort sind jetzt leicht neonfarbene Striche zu sehen. Alle Briefe werden anhand dieses Strichcodes weiter nach Ländern und Städten sortiert. Deine Karte muss in eine andere Stadt und kommt in eine dafür vorgesehene Kiste.

Im Briefzentrum

Auf der Straße, auf der Schiene oder durch die Luft?

Vom Briefzentrum aus geht die Post wieder auf die Reise. Briefe, die es nicht so weit haben, werden mit dem Lastwagen befördert. Post, die für andere Länder oder sogar Kontinente bestimmt ist, nimmt ein Flugzeug mit. Deine Karte reist im Laster weiter.

Das geht ja fix

Die Post braucht nur einen Tag. Gestern hat deine Tante die Karte für dich eingeworfen, heute ist sie schon bei dir.

Ist die Post in der richtigen Stadt angekommen, muss sie weiter sortiert werden. Auch das geschieht wieder in einem Briefzentrum. Jetzt wird nach Zustellbezirk, Straßen und Hausnummern sortiert. Dann bekommt jeder Zusteller die Posttaschen oder Kisten für die Straßen, in denen er austrägt. Mit dem Auto oder dem Fahrrad macht er sich auf den Weg. Wenig später fällt die Karte für dich in deinen Briefkasten.

Wie funktioniert die Türklingel?

Bringt der Postbote dir ein Geburtstagspäckchen oder besucht dich dein Freund, klingeln sie wahrscheinlich an der Haustür. Klingelingeling! Du hörst dann, dass jemand an der Tür ist, und gehst öffnen. Wie kommt es aber, dass du drinnen hören kannst, wenn jemand draußen auf den Knopf drückt?

Klingelingeling!

Meistens befindet sich im Flur ein Kasten, in dem die Klingel drin ist. Daraus kommt das Geräusch, wenn dein Freund draußen auf den Knopf drückt. Und was ist da drin? Finde es heraus und bitte deine Eltern, den Kasten für dich zu öffnen.

Wagnerscher Hammer

So nennt man das Prinzip von Stromfluss und Stromunterbrechung, auf dem die Türklingel beruht. Erfunden hat es der Physiker Johann Philipp Wagner (1799–1879).

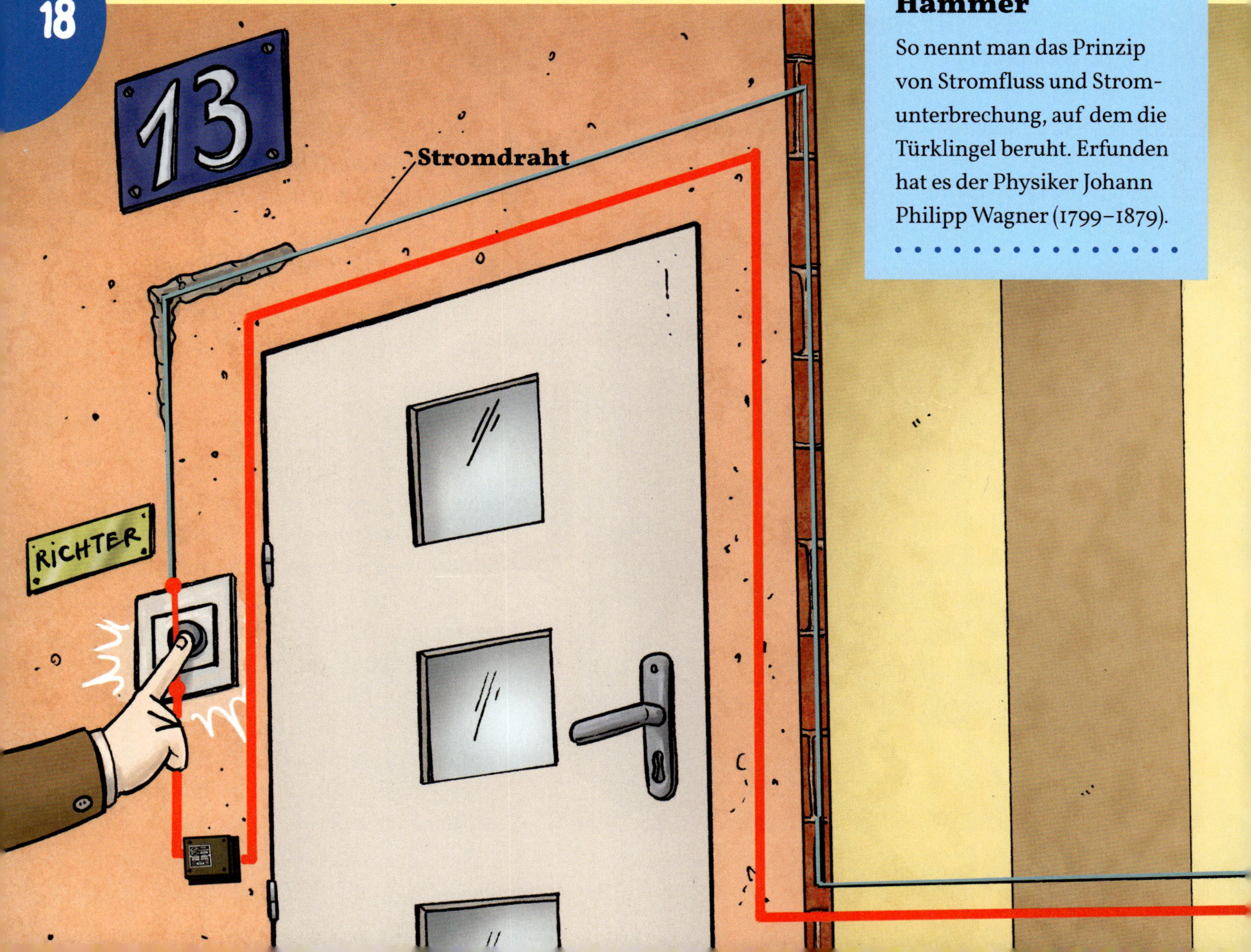

Woraus besteht eine Klingel?

Eine elektrische Klingel besteht aus wenigen Bauteilen. Du brauchst einen an einer Feder befestigten Hammer. Natürlich keinen richtig großen, sondern eher einen kleinen Klöppel. Eine Batterie beziehungsweise eine Stromversorgung, einen Stromdraht und – ganz wichtig – eine Glocke. Sonst hörst du nämlich nichts. Der Stromdraht wird zu einer Spule gewickelt. Dazu müssen die Windungen des Drahtes ganz eng aneinandergewickelt werden. So entsteht ein Elektromagnet. Fließt Strom hindurch, bildet sich ein magnetisches Feld. Wird der Strom unterbrochen, verschwindet es wieder.

Es läutet

Der Klingelknopf an der Tür ist ein elektrischer Schalter. Wird er gedrückt, schließt sich der Stromkreis. Der Strom fließt durch die Kontakte in die Spule und erzeugt ein Magnetfeld. Der Elektromagnet zieht das Hämmerchen an, die Glocke wird angeschlagen und es läutet.

In dem Augenblick, wo der Klöppel auf die Glocke schlägt, werden die Kontakte unterbrochen und es kann kein Strom mehr fließen. Der Elektromagnet übt keine Anziehungskraft mehr aus und der kleine Hammer schnellt zurück in seine Ausgangsposition. Damit ist der Stromkreis wieder geschlossen, der Prozess beginnt von vorne und das Hämmerchen schlägt erneut die Glocke an. Das geht so lange, bis draußen niemand mehr auf den Klingelknopf drückt.

Die Klingel wird mit einer ungefährlichen Kleinspannung aus einer Art Netzteil, dem sogenannten Klingeltrafo, betrieben.

Wieso leuchten Glühlampen unterschiedlich hell?

Schaltest du das Licht im Wohnzimmer an, wird es hell. Auch im Bad, im Keller und im Kinderzimmer ist das so. Ganz unabhängig davon, welche Lampen und Leuchten dort montiert sind. Nur die Helligkeit ist nicht bei jeder Leuchte gleich. Wie kommt das, wo doch überall derselbe Strom fließt?

Eine ganz normale Glühbirne

Hell, heller, am hellsten

Nehmen wir eine ganz normale Glühbirne. Es gibt sie in unterschiedlichen Größen und sie leuchten auch verschieden hell. Willst du nicht jede Lampe einschrauben, um herauszufinden, wie stark sie leuchtet, helfen dir die aufgedruckten Angaben weiter. Da steht dann zum Beispiel „25 W" oder „75 W". Das „W" steht für die Maßeinheit Watt, die die Leistung der Lampe beschreibt. Eine höhere Watt-Zahl bedeutet eine höhere Leistung und damit mehr Helligkeit.

Mehr Watt, mehr Licht

Stell dir vor, du willst bei Kerzenschein etwas schreiben oder ein Buch lesen. Zündest du nur eine Kerze an, ist es noch sehr schummerig. Nimmst du noch weitere Kerzen hinzu, wird es heller. Eine Kerze allein leistet weniger als viele zusammen. So ist es auch mit den Glühbirnen. Eine 75-Watt-Lampe leistet dreimal so viel wie eine 25-Watt-Lampe.

Zum Lesen und Schreiben brauchst du Licht.

Was Glühlampen zur Weißglut bringt

Die Glühlampe besteht aus einer Fassung, das ist der Teil der Glühbirne, den du in der Lampe festschraubst, und einem Glasballon. In dem Ballon befindet sich eine Halterung, über die ein Glühfaden gespannt ist. Dieser Glühfaden ist der wichtigste Teil der Glühlampe, denn er macht das Licht. Die Haltedrähte sind in der Lampenfassung an die elektrischen Kontakte der Lampe angeschlossen. Schaltest du den Strom über einen Lichtschalter ein, fließt er über diese Kontakte in den Haltedraht und von dort weiter in den Glühfaden. Der Glühdraht wird dabei sehr heiß und beginnt zu glühen. Die Lampe leuchtet.

Wärme und Licht

Fast alles, was heiß wird, beginnt auch zu leuchten. Was leuchtet, wird auch immer warm. Kerzen, die Sonne, deine Taschenlampe ... Findest du weitere Beispiele?

Das kannst du dir so ähnlich vorstellen wie die Kochplatte bei einem Ceranherd. Wird der Herd angeschaltet, erhitzt sich die Platte und leuchtet dabei rot. Auch in der Glühlampe entsteht das Licht durch die Hitze.

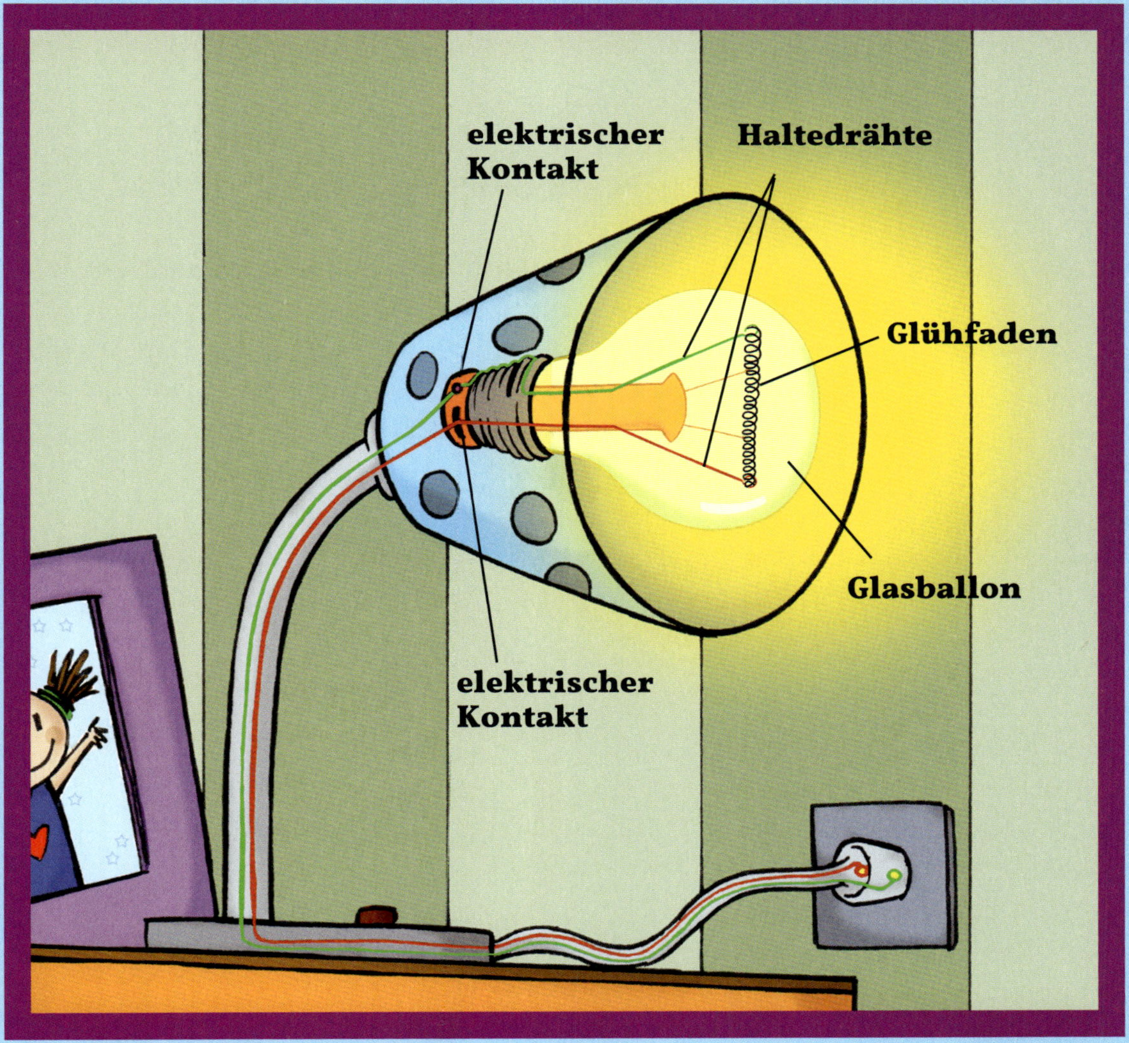

So funktioniert eine Glühlampe.

Haarfeiner Draht

Wie hell der Draht wird, wenn der Strom durch ihn fließt, hängt von seiner Stärke ab. Bei einer 15-Watt-Lampe ist er zum Beispiel so fein, dass du insgesamt sechs Glühdrähte nebeneinanderlegen müsstest, damit sie so dick sind wie ein Haar. 100-Watt-Lampen haben einen dickeren Glühfaden.

Erkennst du den glühenden Draht?

Je mehr Draht glüht, desto heller ist das Licht. Deshalb ist der Glühfaden in der Lampe auch ganz eng gewickelt. Was aussieht wie ein Drahtstück von drei Zentimetern Länge, ist in Wirklichkeit fast einen Meter lang. Ein zusätzlicher Effekt: Durch die dichte Wicklung erwärmen sich die Windungen auch noch gegenseitig und brauchen deshalb weniger Energie, um Licht zu produzieren.

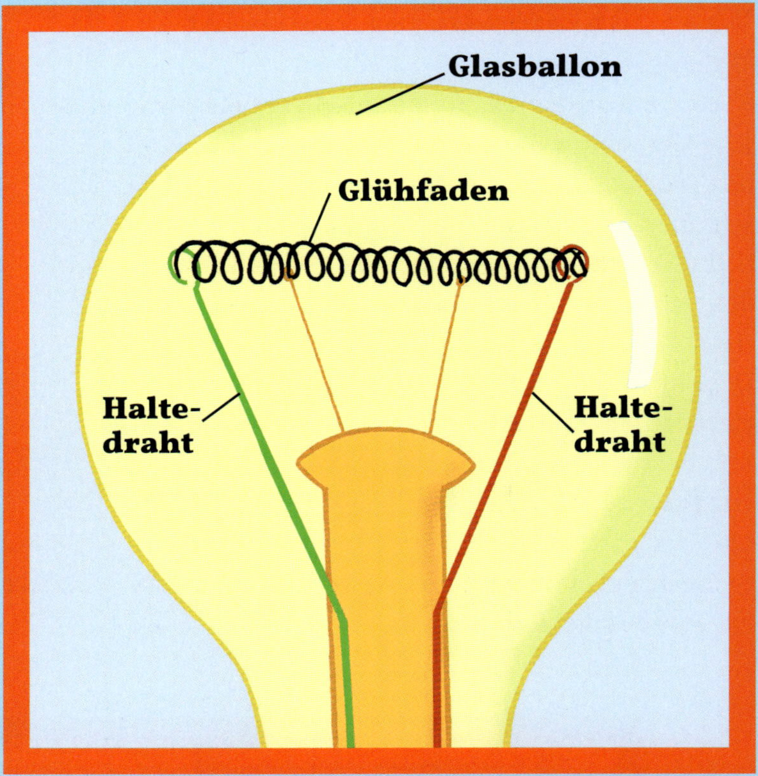

Aufbau einer Glühlampe

Moderne Lampen

Glühlampen, wie wir sie gerade beschrieben haben, werden nach und nach durch andere Lampen ausgetauscht, zum Beispiel durch Halogenlampen oder Energiesparlampen. Ein Grund dafür ist, dass Glühlampen einen höheren Energieverbrauch haben. Ein anderer Grund ist, dass moderne Lampen länger halten sollen.

Wusstest du, …

dass 95 Prozent der Kraft einer Glühlampe in Wärme umgewandelt werden? Nur aus fünf Prozent entsteht Licht. So gesehen ist die Glühlampe viel eher eine Wärmequelle als eine Lichtquelle.

Halogenlampen

Eine Halogenlampe funktioniert ähnlich wie eine normale Glühbirne. Der Unterschied besteht darin, dass sich bei ihr im Glaskolben ein bestimmtes Gas befindet, ein sogenanntes Halogen. Dieses Gas verhindert, dass sich der dünne Glühdraht schnell verbraucht und durchbrennt. Wenn das passiert, kann kein Strom mehr fließen, die Lampe muss ersetzt werden.

Eine Halogenlampe

Nur ein bisschen Strom gespart

Bei einer Halogenlampe ist der Glühdraht nicht mehr so empfindlich wie bei einer normalen Glühlampe und kann viel stärker erhitzt werden. Mehr Wärme bedeutet mehr Helligkeit. So sind Halogenlampen zwar effektiver als herkömmliche Glühlampen, viel Strom sparen lässt sich mit ihnen aber nicht.

Energiesparlampen und Leuchtstoffröhren

Leuchtstoffröhren und Energiesparlampen benötigen weniger Strom als Glühlampen. Sie halten auch länger. Licht erzeugen sie durch verdampftes Quecksilber, das sich in der Glasröhre befindet. Dieses Quecksilber erzeugt ultraviolettes Licht, wenn Strom hindurchfließt.

Achtung, giftig!

In Leuchtstoffröhren und Energiesparlampen ist giftiges Quecksilber enthalten. Deshalb gehören sie in den Sondermüll, wenn sie nicht mehr leuchten. Sie sind auch sehr gefährlich, wenn sie kaputtgehen. Besonders dann, wenn sie gerade eingeschaltet sind.

Könntest du in die Glasröhre schauen, würdest du davon aber gar nichts sehen, denn das ultraviolette Licht ist unsichtbar für das menschliche Auge. Deswegen heißt es auch „Schwarzlicht".

Discolicht

Discolicht ist ein ganz besonderes Licht: Es hat die Eigenschaft, alles Weiße ganz hell leuchten zu lassen. Und genau das passiert im Inneren der Röhre: Sie ist auf der Innenseite mit einem Leuchtstoff bestrichen, der im Schwarzlicht zu leuchten beginnt. Aus dem eben noch unsichtbaren Licht wird dadurch sichtbares weißes Licht.

Weißt du, wer die Glühbirne erfunden hat?

Es war der Amerikaner Thomas Alva Edison (1847–1931). Im Jahr 1879 leuchtete die erste Glühbirne 40 Stunden lang. Später gab es eine verbesserte Glühbirne, die 170 Stunden leuchten konnte.

LED-Leuchten

Die Abkürzung steht für das englische Wort „**L**ight **E**mitting **D**iode“, übersetzt heißt das so viel wie „Licht aussendende Diode“ oder eben Leuchtdiode. In der LED befindet sich ein kleiner Kristall, der durch Strom zum Leuchten angeregt wird. Er sendet dann Licht aus. Es gibt auch LEDs, die infrarotes Licht erzeugen. Solche LEDs benötigen von allen Lampen am wenigsten Strom und sind sehr klein.

Wie man Glühbirnen mit Leuchtäpfeln vergleicht

Neben den Glühlampen, die nach und nach aus dem Handel verschwinden, gibt es immer wieder neue Lampen mit ganz anderer Funktionsweise als die herkömmlichen Lampen. Das macht den direkten Vergleich schwierig und ist ein wenig so, als würdest du Äpfel mit Birnen vergleichen. Klar, beides sind Obstsorten, aber eben von verschiedenen Bäumen und auch im Geschmack unterscheiden sie sich erheblich.

Die Helligkeit von Glühbirnen, Energiesparlampen oder LEDs wird in Lumen (abgekürzt lm) gemessen. Diese neue Maßeinheit ist in Bezug auf die Helligkeit einer Lampe genauer. Als Faustregel gilt: Je höher die Angabe in Lumen, umso heller strahlt die Lampe.

Watt ist nicht gleich Watt

Bei den alten Glühbirnen wurde die Lichtleistung in Watt (W) angegeben. Das ist in den Köpfen der Menschen so verankert, dass auch bei den neuen Lampen, die ganz anders funktionieren und gemessen werden, die Lichtstärke in Watt angegeben wird. Diese Zahl sagt aber nicht aus, wie viel Strom die Lampe braucht, sondern soll angeben, wie viel Strom eine Glühbirne verbrauchen würde, die genauso hell leuchtet.

Wie kommt die Nachricht in die Zeitung?

Jeden Tag kannst du neue Nachrichten in der Zeitung lesen. In ihr stehen Dinge, die weit weg in der Welt passiert sind, aber auch Begebenheiten aus der Nachbarschaft. Woher wissen die Zeitungsmacher, was geschehen ist, und wie kommt diese Nachricht auf das Papier?

In der Redaktion

Aus fernen Ländern

Überall auf der Welt sitzen Reporter und Journalisten. Einige von ihnen berichten dauerhaft aus anderen Ländern. Andere werden für einen bestimmten Zeitraum ins Ausland geschickt, um über ein bestimmtes Ereignis, zum Beispiel die Olympischen Spiele, zu informieren.

Presseagenturen

Weil nicht jede Zeitung auf der ganzen Welt Reporter haben kann, gibt es Presseagenturen. Sie bieten den Zeitungen gegen Bezahlung Meldungen an, die gekauft und dann gedruckt werden können.

Rasende Reporter

Dinge passieren aber nicht nur im Ausland, sondern auch direkt nebenan. Da fällt zum Beispiel bei einem Sturm ein Baum auf die Straße und blockiert sie. Oder eine neue Band gibt ein Konzert in der Stadthalle. Dann ist der „rasende Reporter“ gefragt. Er wird losgeschickt und soll einen Bericht darüber schreiben oder Fotos machen. Nachricht und Bild werden dann so schnell wie möglich in die Zeitungsredaktion gesendet. Überhaupt muss es beim Zeitungsmachen immer ganz schnell gehen, damit die Nachricht noch aktuell ist, wenn die Zeitung erscheint.

In der Druckerei

In der Redaktion

Sind Berichte und Bilder in der Redaktion, gibt es eine Konferenz. Dort wird entschieden, welche Meldungen und Bilder es in die nächste Ausgabe schaffen. Erst dann schreibt der Journalist die Nachrichten richtig auf.

Im Computer werden alle Meldungen, Artikel und Fotos so angeordnet, dass sie auf die einzelnen Seiten der Zeitung passen. „Das Layout erstellen", nennt man diesen Vorgang. Alle Texte werden noch einmal kontrolliert, bevor sie per Computer an die Druckerei geschickt werden.

Wichtig oder nicht?

Auf der Welt geschehen jeden Tag so viele Dinge, dass nur die allerwichtigsten davon als Nachricht in die Zeitung kommen. Viele Artikel werden nie gedruckt.

Papier marsch!

In der Druckerei werden die Artikel auf Papier gedruckt und anschließend werden die Papierbögen in die richtige Reihenfolge gebracht und gefaltet. Aus mehreren Zeitungen wird ein dickes Bündel geschnürt, das auf einen Laster verladen wird. Ein Fahrer bringt sie zum Zeitungsladen. Auch die Zeitungsausträger machen sich auf den Weg, um die neue Ausgabe druckfrisch in deinen Briefkasten zu stecken.

Was passiert mit meinem Müll?

Restmüll

Altpapier

Jeden Tag entsteht Müll, weil wir Sachen wegwerfen. Das können eher kleine Dinge sein wie ein Kaugummipapier, aber auch ziemlich große wie ein alter Schrank. Auch die Bananenschale und die leere Flasche wirfst du wahrscheinlich weg. Natürlich nicht irgendwohin, sondern in einen dafür vorgesehenen Sammelbehälter, zum Beispiel in eine Mülltonne oder einen Glascontainer. Und dann? Was passiert mit all dem Müll?

Schon gewusst?

Wenn Müll für die Herstellung von anderen Dingen genutzt wird, nennt man das „Recycling". Das Wort kommt aus dem Englischen und bedeutet „Wiederverwertung".

Wiederverwertung

Im Haushalt fällt ganz unterschiedlicher Müll an. Das können Dinge aus Papier, Glas, Plastik, Metall oder organischem Material, also Bioabfall, sein. Vieles davon lässt sich wiederverwerten, auch wenn es auf den ersten Blick nicht danach aussieht. Aus den Kartoffelschalen wird Blumenerde, aus der kaputten Spielfigur ein Gartenstuhl, Glas wird neues Glas, die Zeitung ein Schulheft und aus dem alten Stück Blech wird eine Dose für Mais.

Biomüll

Plastikmüll

Mülltrennung

Damit die Wiederverwertung funktionieren kann, muss der Müll vorher möglichst gut sortiert werden. Das wird in der Regel direkt dort gemacht, wo der Müll entsteht, also auch bei dir zu Hause. Getrennt wird nach Art des Materials oder nach Wertstoffen, wie der Fachmann dazu sagt. Getrennt werden Glas, Papier, Bioabfall, Plastik und Metall. Zähl mal, wie viele verschiedene Abfall-Sammelbehälter es bei euch gibt!

Altglas

Jede Sorte Müll bekommt sozusagen ihren eigenen Haufen. Das bleibt auch so, wenn die Müllabfuhr kommt und alles abholt. Für den Papiermüll etwa kommt dann ein anderes Auto als für den Biomüll. Ab hier trennen sich die Wege.

Sperrmüll

Sondermüll

Papier

In den meisten Haushalten fällt Papiermüll an: Tageszeitungen, Zeitschriften, Prospekte, Pappe, Geschenkpapier, alte Hefte und noch einiges mehr. Aus diesem Papier lässt sich wieder neues Papier herstellen. Der Laster, der die Papiertonne oder den Container leert, fährt mit seiner Fracht in eine Anlage, wo das Altpapier sortiert und in Ballen gepresst wird. Anschließend geht es weiter in die Papierfabrik.

Aus gebrauchtem Papier kann neues Papier werden.

Dort wird das Papier zerkleinert, gewaschen und in einem großen Bottich aufgeweicht. Es wird zu Brei und die Farben waschen sich heraus. Damit daraus wieder Papier werden kann, muss dann das Wasser heraus. Der Brei wird dazu in einer Papiermaschine ganz dünn auf einem Gitter verteilt und die Flüssigkeit herausgepresst. Aus der getrockneten Papierschicht können schließlich neue Bögen geschnitten werden.

Umweltpapier

Papier, das aus altem Papier hergestellt wurde, nennt man Umwelt- oder Recyclingpapier. Es ist entsprechend gekennzeichnet.

Altglas

Glas wird nach Farben sortiert. Weiß-, Braun-, Grün- oder einfach Buntglas steht auf den Sammelbehältern. Farbloses Glas kommt in den Container für Weißglas. Und wenn es nur einen einzigen Behälter für Buntglas gibt, werden alle anderen Farben dort mit hineingeworfen.

Altglasleerung

Die Behälter werden in Lastautos geleert und ihr Inhalt wird in die Fabrik gefahren. Manchmal sieht es so aus, als ob im Müllauto alles wieder durcheinandergewürfelt wird, was man selbst vorher so mühsam getrennt hat. Alle Glassammelbehälter werden in ein und denselben Laster gekippt, obwohl in jedem Container eine andere Farbe ist. Doch keine Sorge: Im Lkw hat jede Farbe ein eigenes Abteil, sodass sich nichts vermischt.

Schon gewusst?

Um Glas herzustellen, vermischt man Quarzsand, Soda und Kalk und erhitzt es bei etwa 1500 Grad Celsius im Ofen. Dabei entsteht eine flüssige Glasmasse, die weiterverarbeitet werden kann.

In der Glasfabrik wird der Glasmüll noch einmal nach Farben sortiert und von allem, was nicht aus Glas ist, befreit. Maschinen zerkleinern das Glas zu Bruchglas. Dann wird es bei sehr hohen Temperaturen eingeschmolzen. Aus der Schmelzmasse entstehen neue Gläser, Flaschen und vieles mehr.

Verpackungen und Kunststoffe

In vielen Städten und Gemeinden werden Verpackungen separat gesammelt. Sie sind zum Beispiel an einem grünen Punkt zu erkennen. Typische Verpackungen sind Plastikfolie, Joghurtbecher oder Schaumstoffschalen. Auch sie werden in der Fabrik noch einmal sorgfältig nach Material und Form sortiert.

Plastik immer gesondert wegwerfen! Es kann wiederverwertet werden.

Was die Maschine übersieht, nimmt ein Arbeiter heraus. Die brauchbaren Stoffe werden gesäubert, geschreddert und zu neuen Gegenständen weiterverarbeitet. Es kann also sein, dass dein Fleecepulli früher einmal eine Plastikflasche war. Alles, was sich nicht verwerten lässt, wird zu Ballen gepresst und verbrannt.

Durch mehrmaliges Umschichten wird nach Monaten aus Kompostmüll Pflanzenerde.

Bioabfall

Die meisten Küchenabfälle sind wertvolle Rohstoffe und kommen auf den Komposthaufen oder in die Biotonne. Kartoffelschalen, Salatblätter, Obstreste, aber auch Blätter von Pflanzen lassen sich kompostieren, das heißt in Erde umwandeln. Dazu muss der Bioabfall verrotten.

Geschieht das in einem Kompostwerk, wird alles zu einem großen Haufen zusammengeschoben und erhitzt sich beim Verrotten von selbst, was schädliche Keime zerstört. Der Haufen wird anschließend mehrere Monate lang immer wieder umgeschichtet. Er muss schön feucht bleiben. Ist der Kompost fertig, wird er gesiebt. Jetzt kannst du ihn kaufen und damit deine Gartenerde verbessern.

Schon gewusst?

In manchen Orten werden zu festgelegten Terminen Sperrmüllsammlungen durchgeführt, in anderen kann man einen persönlichen Abholtermin vereinbaren.

Sperrmüll

Alle Abfälle im Haushalt, die sehr groß und unhandlich sind, bezeichnet man als Sperrmüll. Stühle, Tische, Schränke oder Betten passen beim besten Willen nicht in die Mülltonne und müssen gesondert abgeholt werden. Ein spezielles Lastauto zerquetscht die Teile. Ist der Laster voll, geht es zu einer Müllverbrennungsanlage.

Sperrmüll wird zerquetscht.

Sondermüll

Es gibt eine Reihe von Dingen und Stoffen, die nicht einfach in die Mülltonne geworfen werden dürfen. Sie sind gefährlich für die Umwelt und müssen gesondert abgeholt oder direkt zu einer Sammelstelle gebracht werden. Dazu zählen Farben, Lacke, Altöl, Batterien, Leuchtstoffröhren, Energiesparlampen oder auch Kühlschränke.

Wo landet der Sondermüll?

Sondermüll wird entweder in Sondermüllverbrennungsanlagen bei sehr hohen Temperaturen verbrannt. Oder er wird zu Sondermüllkippen gebracht, wo er gelagert wird.

Kühlschränke sind zum Beispiel Sondermüll.

Restmüll

Alles, was bei dir zu Hause nicht schon in einem der anderen Müllbehälter gelandet ist, kommt in die Restmülltonne. Das ist dann meistens schon gar nicht mehr besonders viel: Essensreste, Stoff, Geschirr oder kaputtes Spielzeug. Fällt dir noch mehr ein? Der Abfall aus dieser Tonne wird entweder in einer Müllverbrennungsanlage verbrannt oder auf eine Müllkippe gebracht und dort vergraben.

Woher weiß die Ampel, dass sie grün werden muss?

In jeder Stadt und in jedem Ort gibt es Ampeln. Die Lichtsignalanlagen, wie sie in der Fachsprache heißen, regeln den Verkehr. Fußgänger, Auto- und Motorradfahrer sowie Straßenbahnen müssen die Lichtzeichen beachten, damit es kein Verkehrschaos gibt. Rot bedeutet „Stopp!" und erst bei Grün geht es wieder weiter. Und wann schaltet die Ampel um?

Regelung des Verkehrs

An Kreuzungen in großen Städten ist immer ganz schön viel los. Erst fahren die Autos in der einen Richtung, dann in der anderen, dazwischen sind die Fußgänger unterwegs und Linksabbieger mit eigenem Ampelsignal gibt es auch noch. Wenn nun alle gleichzeitig über die Kreuzung wollten, wäre das ein ganz schön gefährliches Durcheinander. Wie gut, dass die Ampel immer weiß, wem sie wann freie Fahrt gibt.

Rot, gelb, grün

Fußgängerampeln haben zwei Zeichen: Rot steht für „Stopp" und Grün für „Gehen". Autoampeln haben zusätzlich ein gelbes Licht, das so viel bedeutet wie „Achtung, gleich wird es rot". Alle Ampeln werden nach einer bestimmten Zeit von Rot auf Grün geschaltet. Einen „Umlauf" nennen das die Verkehrsplaner. Hat die Ampel einen Umlauf von 90 Sekunden, bedeutet das, dass alle Verkehrsteilnehmer in dieser Zeit einmal Grünlicht erhalten.

Zusammenarbeit der Ampeln

Alle Ampeln an einer Kreuzung müssen dabei zusammenarbeiten. Dazu sind sie miteinander über Kabel und Computer verbunden. An jedem Ampelmast befindet sich ein Kasten, in dem alle Kabel zusammenlaufen. Der Computer gibt den Takt der Ampel vor.

Die Taktgeber

Wie eine Ampel geschaltet wird – also welchen Umlauf sie hat –, hängt von mehreren Faktoren ab. Wichtig ist, in welcher Zeit ein Fußgänger bequem über die Kreuzung kommt und wie stark die Kreuzung befahren ist. In Abhängigkeit davon werden die Zeiten zusammengerechnet und es wird noch ein Puffer eingeplant. Er ist wichtig, damit sich Fußgänger und Autos nicht in die Quere kommen und die Kreuzung rechtzeitig wieder frei wird. In dieser Zeit stehen alle Ampeln auf Rot.

Manchmal schalten Ampelanlagen morgens anders als am Nachmittag. Die Schaltung ist dann so programmiert, dass sie zu den Stoßzeiten einen anderen Takt für die Autos vorgibt als zu Zeiten mit wenig Verkehr. An den Fußgängerzeiten ändert sich dabei nichts.

Fußgängerampel

Diese Ampel kennst du sicherlich: Hier drückst du auf einen Knopf, wenn du über die Straße willst. Die Ampel schaltet dann bei den Autos auf Rot, damit du die Straße überqueren kannst.

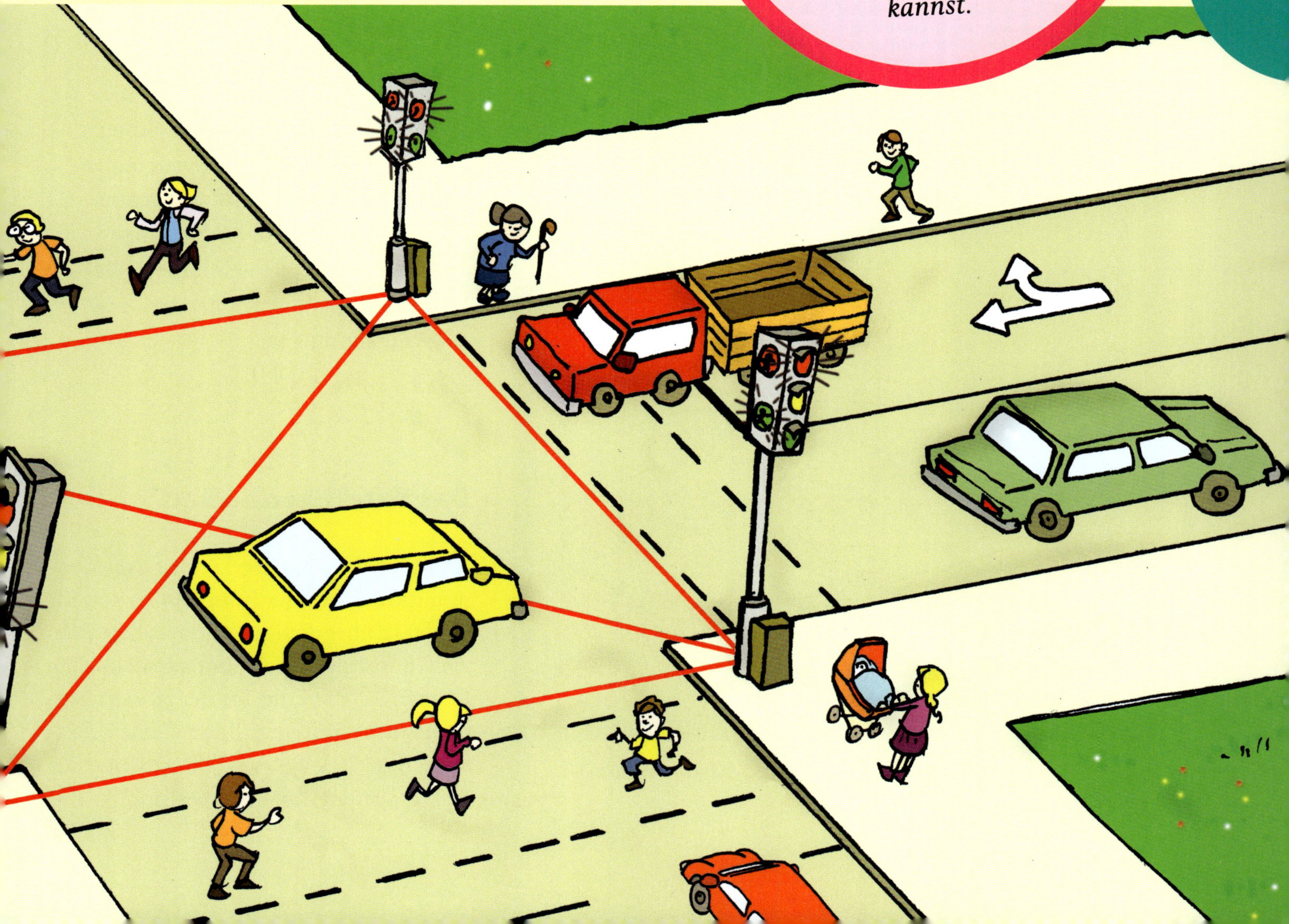

Woher weiß das Navigationsgerät, wo ich bin?

Navigationsgeräte sind sehr praktisch. Sie weisen dir den kürzesten Weg durch die Stadt und lotsen dich durch Gegenden, in denen du nie zuvor warst, sicher an dein Ziel. Wie machen sie das bloß?

Die Stimme weiß den Weg

Auf dem Weg in den Urlaub führt euch die elektronische Stimme mit Hinweisen wie „In 300 Metern links abbiegen" bis vor das Hotel, in dem ihr die nächsten zwei Wochen verbringen wollt. „Sie sind an Ihrem Ziel angekommen", heißt es dann zum Ende der Fahrt. Prima, aber auch ein bisschen unheimlich, dass das Gerät weiß, wo ihr seid, oder?

GPS

Die geniale Positionsbestimmung mithilfe von Satelliten wurde in den USA erfunden. Das „**G**lobal **P**ositioning **S**ystem", so der vollständige Name, wurde früher nur für militärische Zwecke eingesetzt. Heute ist es für alle nutzbar.

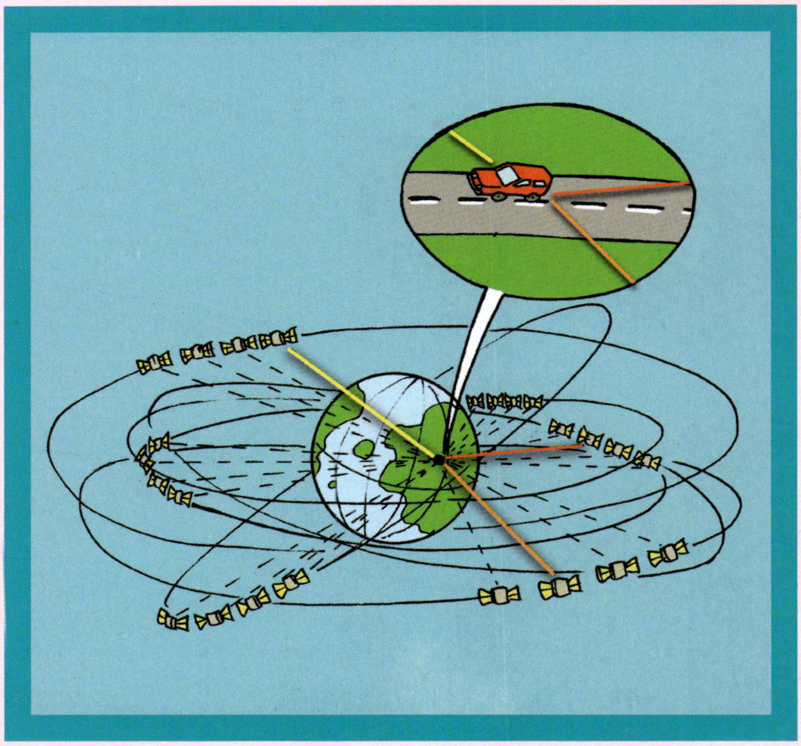

Aus dem Schnittpunkt von mindestens drei der 24 Satelliten wird deine Position ermittelt.

Das Satellitenballett

Das Geheimnis dieser Positionsbestimmung kreist in einer Höhe von 20.200 Kilometern über dir. Insgesamt 24 Satelliten ziehen dort auf sechs unterschiedlichen Bahnen um die Erde, immer zu viert hintereinander auf einer Bahn. Diese 24 Satelliten reichen aus, um jede Position auf dem gesamten Globus zu bestimmen.

Die Satellitensignale

Die Satelliten senden elektromagnetische Signale aus. Anhand der Zeit, die diese Signale bis zum Empfänger – also bis zu deinem Navi – brauchen, kann die Entfernung berechnet werden. Die Entfernung errechnet sich aus der Lichtgeschwindigkeit mal der Zeit, die das Signal braucht.

So sieht ein GPS-Satellit aus.

Schon gewusst?

Die Satellitensignale breiten sich mit Lichtgeschwindigkeit aus und legen 300.000 Kilometer pro Sekunde zurück. Das ist so schnell, dass du bei den Berechnungen keine zeitliche Verzögerung feststellen kannst.

Wo bin ich?

Ein Satellit alleine könnte dich anhand der berechneten Entfernung aber noch nicht finden, denn von seiner Position aus gibt es mehrere Orte, die in der berechneten Entfernung infrage kommen. Erst mit den Daten von mindestens drei Satelliten kann ein Schnittpunkt berechnet werden. Dieser macht eine eindeutige Ortung im Raum möglich.

Berechnung der Route

In jedem Navigationssystem sind Straßenkarten eingespeichert. Anhand dieser Karten und der Zieleingabe von deinen Eltern wird die Route berechnet. Auf dem Weg dorthin bestimmt das Navigationssystem eure Position immer wieder neu und zeigt sie euch auf der Karte.

In jedem Navigationssystem sind Karten eingespeichert.

Merken Straßenlaternen, dass es dunkel wird?

Sobald es dunkel wird, gehen bestimmt auch bei dir in der Straße die Straßenlaternen an. Wie von Geisterhand. Wer schaltet sie ein, wo doch nie jemand zu sehen ist?

Sicherheit durch Licht

Straßenbeleuchtung ist wichtig, damit Fußgänger und Fahrradfahrer abends sicher nach Hause finden und gut von den Autofahrern gesehen werden. Außerdem schreckt die Beleuchtung Diebe und Einbrecher ab.

Licht an

Weißt du, wann die Lampen in deiner Straße anfangen, zu leuchten? Wenn du das über einen längeren Zeitraum beobachten würdest, könntest du feststellen, dass die Lampen nicht immer zur selben Uhrzeit angehen. Eine einfache Zeitschaltuhr steuert sie also nicht. Was ist es dann?

Früher wurden die Laternen noch mit Gas betrieben. Laternenanzünder entzündeten jede einzelne Laterne von Hand.

Der Lichtsensor

Das Gerät heißt Lichtsensor oder Dämmerungsschalter. Das ist eine Art Fühler, der die Helligkeit misst. In den meisten Städten sind solche Sensoren in Kästen am Straßenrand verteilt. Sie registrieren, wie viel Licht es gibt. Ab einem bestimmten festgelegten Wert sendet das Gerät ein Signal an die Straßenlaternen. Die Straßenbeleuchtung schaltet sich daraufhin automatisch ein.

In der Großstadt

Das Licht geht aber nicht überall gleichzeitig an. Warum? Weil sonst das Stromnetz zusammenbrechen könnte, wenn plötzlich zu viel Strom auf einmal entnommen würde. In einem kleinen Dorf mit wenigen Lampen würde sich der erhöhte Stromverbrauch vielleicht nicht sonderlich bemerkbar machen. Aber stell dir einmal vor, wie das in einer Großstadt wäre, wenn Tausende von Straßenlampen zur selben Zeit aufleuchten würden.

Hell oder dunkel?

Die Helligkeit wird in Lux, abgekürzt lx, gemessen. An einem hellen Sommertag herrschen ganze 100.000 Lux. Eine Zimmerbeleuchtung liegt bei ungefähr 500 Lux und eine brennende Kerze bringt es bei einem Meter Entfernung auf ein Lux. Wann Städte ihre Straßenbeleuchtung anschalten, ist unterschiedlich. Die Werte dafür liegen in der Regel bei etwa 50 Lux und darunter.

Wieso weiß die Polizei, wie schnell ein Auto fährt?

Erwischt!

In der Stadt, auf der Landstraße oder auf der Autobahn sind unterschiedliche Geschwindigkeiten erlaubt. Im Ort sind es zum Beispiel in der Regel 50 Stundenkilometer. Weicht die erlaubte Geschwindigkeit davon ab, zeigen Schilder an, wie schnell man fahren darf. Die Polizei überwacht die Einhaltung dieser Geschwindigkeitsbegrenzungen mit Radar- oder Lasergeräten.

Die Funkwellen des Radargeräts werden vom Auto zum Radargerät zurückgeworfen.

Den Rasern auf der Spur

An Stellen, wo häufig zu schnell gefahren wird oder wo viele Unfälle passieren, gibt es fest installierte Radargeräte. Sie werden wegen ihres Aussehens auch „Starenkästen" genannt. Zusätzlich hat die Polizei mobile Geräte, mit denen sie an immer anderen Stellen messen kann.

Der Tempopilot

Viele Autos haben einen Tempopiloten. Der Fahrer kann dem Auto eine Geschwindigkeit vorgeben, die das Auto dann einhält. Wenn man bremsen muss, schaltet der Tempopilot sich aus.

In der Radarfalle

Ein Radargerät arbeitet mit Funkwellen. Sie werden auf die entgegenkommenden Autos gerichtet und von ihnen reflektiert – das heißt zurückgeworfen. Weil sich das Auto dabei weiterbewegt, schiebt es die Funkwellen zusammen, so, als würdest du eine Ziehharmonika zusammendrücken. Der Abstand der Wellen wird kürzer. Das Radargerät vergleicht die ausgesendeten und die ankommenden Wellen und misst deren Veränderungen.

Wenn die Veränderungen zu groß sind, werden die Kamera und der Blitz ausgelöst. Ein Bild vom Fahrer und vom Nummernschild des Fahrzeugs wird an ein Kontrollzentrum geleitet. Datum, Uhrzeit und Geschwindigkeit stehen darauf. Über das Nummernschild wird der Fahrer ermittelt. Er bekommt den Strafzettel und in der Regel auch sein Foto per Post zugeschickt. Erwischt!

Zu schnell! Die Veränderungen der Funkwellen sind zu groß.

Zu schnell unterwegs

Wer schneller fährt, als erlaubt ist, muss ein Bußgeld zahlen und bekommt einen Eintrag in der Verkehrssünderkartei. Wenn jemand viel zu schnell gefahren ist, kann ihm sogar der Führerschein entzogen werden.

Kommt das Auto näher, werden die Wellen kürzer.

Ins Visier genommen

Eine Laserpistole ist ein tragbares Gerät zur Geschwindigkeitsmessung. Es arbeitet etwas anders als ein Radargerät. Ein Polizist nimmt ein Fahrzeug ins Visier und richtet die Pistole darauf. Sie sendet kurze Lichtimpulse aus, die vom Fahrzeug reflektiert werden. Anhand der Zeit, die das Licht braucht, um zurückzukommen, wird die Entfernung zum Fahrzeug berechnet.

Misst man mehrere Male schnell hintereinander, lässt sich ablesen, wie sich die Entfernung verändert hat. Damit weiß man, wie schnell das Auto näher kommt und welche Geschwindigkeit es hat. Wer zu schnell fährt, wird herausgewinkt und muss seine Personalien angeben, damit der Strafzettel zugeschickt werden kann.

Wie kommt die Milch in den Supermarkt?

Die meisten Kinder trinken gerne Milch. Ist die Milch zu Hause alle, kauft ihr im Supermarkt eine neue Packung. Doch wie ist sie bis in den Markt gekommen?

Auf dem Bauernhof

Die Milch kommt von der Kuh, die auf einem Bauernhof oder mit vielen anderen Kühen in einem Milchwirtschaftsbetrieb gehalten wird. So einen Betrieb kannst du dir wie einen Bauernhof vorstellen, nur ist er viel größer und hält nur Kühe.

Die Kühe werden gemolken, …

…, dann wird die Milch in einem Tank gekühlt …

… und in die Molkerei gebracht.

Alles aus Milch

Joghurt, Sahne, Butter, Dickmilch, Kefir, Käse, Quark und Molke – alles wird aus Milch hergestellt.

Kühe geben aber nur Milch, wenn sie vorher ein Kälbchen geboren haben. Bis zu 19 Liter Milch können das pro Tag sein. Früher hat der Bauer die Kühe noch von Hand gemolken, heutzutage machen das Maschinen.

Im Melkstand

Im Melkstand werden die Kühe gemolken. Dazu wird über jede Zitze des Euters eine Art Rohr gestülpt, Zitzen- oder Melkbecher nennt der Bauer das. Die Milch wird aus den Eutern abgepumpt und läuft durch die Becher in einen Schlauch und von dort weiter in einen Milchtank. Ganz moderne Betriebe arbeiten auch mit Melkrobotern.

In der Molkerei wird die Milch haltbar gemacht und abgefüllt.

Gut gekühlt

Milch verdirbt leicht, wenn sie nicht ausreichend gekühlt wird. Deshalb kommt sie nach dem Melken direkt in einen Tank, in dem sie von „kuhwarm" auf vier Grad Celsius heruntergekühlt wird. Ungefähr alle zwei Tage holt ein Tankwagen die Milch beim Bauern ab. Auch im Milchlaster wird sie auf dem Weg in die Molkerei kühl gehalten.

Schon gewusst?

H-Milch steht für „haltbare Milch". Sie wird zuerst ganz stark erhitzt und dann schnell abgekühlt. Dadurch hält sie länger als frische Milch.

Von der Molkerei in den Supermarkt

In der Molkerei wird die Milch untersucht, bevor man sie weiterverarbeitet. Anschließend wird sie erhitzt, damit sie länger haltbar ist, und in Flaschen oder Kartons abgefüllt. Mit einem Laster wird die Milch in den Supermarkt gebracht und wandert dort ins Kühlregal. Nur die H-Milch darf draußen bleiben.

Von der Molkerei kommt die Milch in den Supermarkt.

Wie kommt der Ketchup in die Flasche?

Currywurst, Pommes frites oder Hamburger ohne Ketchup? Schmeckt das denn? Den meisten Kindern und Erwachsenen vermutlich nicht. Die rote Soße aus Tomaten gehört zu den beliebtesten Würzsoßen überhaupt. Daran ändert auch die Tatsache nichts, dass sie manchmal nicht aus der Flasche fließen will. Aber wie ist sie da überhaupt hineingekommen?

Ketchup wird aus Tomaten gemacht.

Erntezeit

Um einen guten Ketchup herzustellen, benötigt man viele Tomaten. Sie schmecken am besten, wenn sie richtig schön reif und ganz rot sind. Auch die Sorte ist wichtig. Viele Tomaten kommen aus Italien, Spanien oder Portugal.

Ketchup früher und heute

Als der Ketchup erfunden wurde, war von Tomaten in der Soße noch keine Spur. Er ähnelte eher einer Fischsoße. Doch im Laufe der Jahrzehnte wandelte sich die Zubereitung. Hauptbestandteil sind heute Tomaten oder daraus hergestelltes Tomatenmark. Das ist natürlich längst nicht alles, was in die Flasche kommt.

Wusstest du, ...

... dass im sogenannten Kinderketchup meistens noch mehr Zucker ist als in den anderen Sorten?

Tomaten wachsen an Sträuchern.

In der ersten Fabrik

Nach der Ernte kommen die Tomaten in eine erste Fabrik. Dort werden sie gewaschen und kurz in heißes Wasser gelegt. Danach lässt sich die Haut ganz leicht abziehen. Die Kerne werden entfernt und der Tomatensaft wird ausgepresst. Aus ihm wird Tomatenmark hergestellt. Dazu muss der Saft ganz lange einkochen, bis die Masse zähflüssig ist. Diese kommt in große Behälter und ab geht's zur Ketchupfabrik.

In der Ketchupfabrik

Schon gewusst?

Jede Firma hat ihre eigene Rezeptur. Welche Gewürze also genau in den Ketchup kommen und in welcher Menge, bleibt das Geheimnis jeder einzelnen Firma.

Die fertige Mischung wird erhitzt, damit sie länger haltbar ist. Vollautomatisch wird sie anschließend in Flaschen abgefüllt. Diese werden luftdicht mit einem Deckel verschlossen und bekommen ein Etikett. Auf dem steht, woraus der Ketchup gemacht ist und wie lange er hält. Die Flaschen werden verpackt und mit Lastwagen in die Supermärkte gefahren.

Dort hast du die Qual der Wahl. So viele verschiedene Ketchupsorten gibt es im Regal. Welcher schmeckt am besten? Finde es heraus!

In der Ketchupfabrik

Mit dem Tomatensaft oder dem Tomatenmark vermischen die Arbeiter in der Ketchupfabrik anschließend die anderen Zutaten. Zu den Grundbestandteilen jedes Ketchup gehören Zucker, Salz, Essig, verschiedene Kräuter und Gewürze wie Senf oder Sellerie.

Findest du auch, dass Pommes erst mit Ketchup so richtig gut schmecken?

Wie wird aus Korn Brot?

Brot ist eines unserer wichtigsten Lebensmittel. Kommt bei euch auch jeden Tag Brot auf den Tisch? Es besteht aus Getreide, meistens Weizen und Roggen, das auf großen Feldern wächst. Bis aus dem Weizenkorn ein Brot wird, haben Bauer und Bäcker ganz schön zu tun.

Die Aussaat

Im Herbst sät der Bauer Weizen und Roggen aus. Vorher hat er schon den Boden gepflügt. Noch vor dem Winter zeigen sich die ersten kleinen Hälmchen. Dann ruhen sie. Doch sobald der Frühling da ist, starten sie durch und schießen in die Höhe. Der Bauer achtet nun besonders darauf, dass sich die Pflanzen gut entwickeln. Wenn nötig, düngt er das Feld.

Die Ernte

Ist das Getreide reif, erntet der Bauer das Feld ab. Dazu fährt er mit dem Mähdrescher das Feld rauf und runter. Die Maschine schneidet die Halme ab und drischt die Körner aus den Ähren. Alle Körner fallen in einen Behälter. Wenn dieser voll ist, wird er auf einen Anhänger umgeladen und zur Mühle gefahren.

Weltmeister

In Deutschland gibt es mehr als 300 verschiedene Brotsorten. Das ist Rekord! In keinem anderen Land gibt es so viele Sorten.

In der Mühle

Hier wird das Korn untersucht. Nur hochwertiges und gesundes Getreide wird weiterverarbeitet. Es wird gereinigt und gewaschen. Anschließend wird das Korn in seine Bestandteile Schale, Keimling und Mehlkörper getrennt. Der Müller kann das Korn ganz nach Wunsch mahlen. So entstehen verschiedene Produkte wie Kleie, Schrot, Gries oder Mehl.

Schon gewusst?

In Großbetrieben läuft der Teig bis zum fertigen Brot vollautomatisch über eine Backstraße. In einer kleinen Backstube formt der Bäcker das Brot noch von Hand.

In der Bäckerei

Das Mehl setzt der Bäcker zusammen mit Wasser, Hefe oder Sauerteig zu einem Teig an. Ist alles gut verknetet, ruht der Teig eine Weile. Anschließend wird er in Brotformen gefüllt oder per Hand zu Laiben geformt. Nun muss er „gehen", das bedeutet, dass er größer und luftiger wird. Dann ist es Zeit für den Ofen, wo der Teig backt.

Verkauf

Später kannst du das Brot beim Bäcker kaufen. Oft wird es auch in den Bäckereien verpackt und an Supermärkte geliefert. Viele Supermärkte haben auch kleine Backstationen, in denen sie Brote zu Ende backen können.

Schwimmen Fischstäbchen im Meer?

Isst du auch so gerne Fischstäbchen? Die knusprigen Rechtecke sind nicht nur bei Kindern, sondern auch bei vielen Erwachsenen beliebt. Kein Wunder: Sie sind schnell zubereitet, haben eine kindgerechte Größe und nach Gräten musst du auch nicht suchen. Aber wo kommen die Fischstäbchen her, schwimmen sie im Meer?

Das Fischstäbchen

Nicht ganz beziehungsweise nicht in dieser Form. Fischstäbchen werden aus Fisch hergestellt, zum Beispiel aus Dorsch, Kabeljau, Seehecht oder Seelachs. Dazu kommt die Panade, das ist der knusprige Überzug. Er besteht hauptsächlich aus Paniermehl, Weizenmehl und Gewürzen. Doch bevor der Fisch ein Stäbchen werden kann, muss er erst noch gefangen werden.

Schon gewusst?

Weißt du, was filetieren ist? Hiermit ist gemeint, dass die fleischigen Seitenteile von der Haut und den Gräten gelöst werden. So erhält man Filets.

Die Fischer fahren mit solchen Kuttern aufs Meer und fangen in Netzen die Fische ein.

Auf hoher See

Die Fischer fahren mit ihren großen Kuttern weit auf das Meer hinaus. Dort legen sie die Netze aus und holen sie nach einer Weile wieder ein. Ob es ein guter Fang war? Die Fische, aus denen Fischstäbchen werden sollen, verarbeiten sie direkt nach dem Fang an Bord. Der Fisch wird entgrätet, filetiert und in großen rechteckigen Blöcken eingefroren. Jetzt sieht er schon nicht mehr nach Fisch aus.

Zurück an Land

Sind die Fischer zurück im Hafen, werden die Blöcke sofort in eine Fischfabrik gebracht. Dort kommen sie auf ein Förderband und werden von einer Maschine zu Stäbchen zersägt. Sie haben jetzt die Größe, die du von einem Fischstäbchen kennst.

Die Fischstäbchen sind jetzt noch nackt. Sie laufen auf dem Band weiter und bekommen einen Überzug aus nasser und trockener Panade. In heißem Fett werden sie frittiert, gleich darauf tiefgefroren und können nun verpackt werden. Innerhalb einer Stunde ist aus dem Fischblock eine fertige Packung Fischstäbchen geworden.

Fischstäbchen werden zum Beispiel aus Kabeljau gemacht.

Aus Blöcken werden Stäbchen

Aus einem Block Fisch werden genau 378 Fischstäbchen gesägt.

So sieht es in der Fischfabrik aus.

Vom Supermarkt auf den Teller

Lastwagen bringen die Fischstäbchen von der Fabrik in die Supermärkte. Dort findest du die Packungen im Tiefkühlregal und ihr könnt eine davon für euer Mittagessen kaufen. Ohne Auftauen kommen sie in die heiße Pfanne oder in den Ofen und sind nach ein paar Minuten fertig. Guten Appetit!

Wie kommen die Erbsen in die Dose?

Die meisten Gemüsesorten gibt es auch in der Dose zu kaufen. Mais, Karotten, Bohnen oder Erbsen. Ganze Regalreihen gibt es im Supermarkt mit Gemüsedosen. Große, kleine und alle schön bunt bedruckt mit Text und Bild, auf dem zu sehen ist, was darin ist. Aha, Erbsen. Wie sind sie da wohl reingekommen?

Das Konservieren

Gemüseerbsen werden einmal im Jahr geerntet. Das ist im Mai. In diesem Monat könnte man dann ganz viele Erbsen essen. Aber wenn sie aufgebraucht wären, hätte man das ganze restliche Jahr über keine mehr und müsste bis zur nächsten Ernte warten.

Damit man das ganze Jahr über Erbsen essen kann, werden sie konserviert. Das bedeutet, dass sie haltbar gemacht werden.

Runter vom Feld, rein in die Fabrik

Die Erbsen wachsen an Sträuchern, die etwa einen halben Meter hoch sind. Mit einer Maschine werden sie von den Sträuchern gekämmt. Eine Walze bricht die Schoten auf und die Erbsen kullern in ein Sieb. Die leeren Schoten wandern über ein Förderband und werden zurück auf den Acker geworfen. Die Erbsen sammeln sich in einem Tank und kommen mit einem Laster in die Fabrik.

In der Fabrik

Dort werden die Erbsen gewaschen und nach Größen sortiert. Auch das übernimmt wieder eine Maschine. Sortiert wird nach vier Größen: extrafein, sehr fein, fein, mittelfein. Dazu laufen die Erbsen über verschiedene Siebe und fallen je nach Größe hindurch. Anschließend werden sie kurz aufgekocht, kalt abgeschreckt und in Dosen gefüllt.

In der Dose

Neben den Erbsen kommt noch ein Aufguss in die Dosen. Das ist eine Flüssigkeit, die aus Wasser, Zucker und Gewürzen besteht. Die Erbsen werden vollständig damit bedeckt, dann wird die Dose maschinell verschlossen. Um sie länger haltbar zu machen, wird sie aufgekocht. So können sich in der Dose keine Keime bilden und der Inhalt ist auch noch Jahre nach dem Verschließen lecker.

Schon gewusst?

Konservierte Lebensmittel gibt es in Gläsern, als Tiefkühlware oder in der Dose, oder wie man auch sagt: Konservendose.

In den Supermarkt

Bevor sich die Dose auf ihre Reise in den Supermarkt macht, bekommt sie noch ein Etikett aufgeklebt. „Erbsen mittelfein“, steht zum Beispiel darauf. Im Supermarkt findest du sie wahrscheinlich direkt neben den Möhren und dem Mais aus der Dose.

Was bedeuten die Buchstaben und Zahlen auf meinem Frühstücksei?

Ist dir schon einmal aufgefallen, dass jedes Ei einen Stempel hat? Buchstaben und Zahlen sind dort mit roter Farbe aufgedruckt. Das ist bei jedem Ei so, ganz gleich, ob du es lose, verpackt, beim Bauern oder im Supermarkt kaufst. Wie kommen die Zeichen dorthin und was bedeuten sie?

Hühner legen Eier …

Mindesthaltbarkeitsdatum

Einem Ei kannst du nicht ansehen, ob es frisch ist. Solange die Schale noch unbeschädigt ist, kannst du es auch nicht riechen. Deshalb steht auf jedem Eierkarton das Mindesthaltbarkeitsdatum. Bei lose verkauften Eiern steht diese Information auf einem Zettel oder der Eierverkäufer sagt es dir.

Über dein Frühstücksei kannst du aber noch viel mehr erfahren und dazu brauchst du die aufgedruckten Zeichen.

… und wenn wir der Henne das Ei nicht wegnehmen und essen würden, würde ein Küken aus dem Ei schlüpfen.

Wie viele Eier legt ein Huhn?

Pro Jahr legt ein Huhn im Schnitt 270 Eier, das entspricht ungefähr fünf Stück in der Woche.

Der Eiercode

Wie bei einer Geheimsprache sind die Informationen, die auf dem Ei stehen, verschlüsselt. Macht aber nichts, denn du kannst den Code entschlüsseln.

Die erste Zahl gibt an, wie die Henne, von der dein Ei stammt, gehalten wurde. Kommt das Ei aus einem Betrieb mit ökologischer Haltung, steht auf dem Ei die Zahl 0. Ein Ei aus Freilandhaltung hat die 1 und eines aus Bodenhaltung die 2.

Die Buchstaben auf dem Ei sagen dir wiederum, aus welchem Land es kommt. DE steht zum Beispiel für Deutschland, AT für Österreich. Jedes Land hat eine eigene Abkürzung.

Dann folgen wieder Zahlen. Sie geben an, aus welchem Betrieb und aus welchem Stall dein Ei kommt. Anhand dieser Zahlen könntest du zum Beispiel im Internet nachschauen, wo der Stall ist, in dem eine Henne das Ei für dich gelegt hat.

Dieses Ei stammt aus Deutschland und einem Betrieb mit ökologischer Haltung.

Von der Henne in den Laden

Hat die Henne ein Ei gelegt, wird es eingesammelt. Dann wird die Schale auf Schäden untersucht. Ist sie rundherum heil, kann das Ei nach Gewicht sortiert in den Eierkarton. Vorher läuft es aber noch durch eine Stempelmaschine und bekommt den jetzt gar nicht mehr so geheimnisvollen Eiercode aufgedruckt.

Schon gewusst?

Ökologische Haltung bedeutet, dass die Hühner ganz viel Platz und Freilauf haben und gutes Futter bekommen. Bei der Freilandhaltung werden die Hühner auf einem Gelände mit etwas Auslauf außerhalb von Ställen untergebracht. Bei der Bodenhaltung müssen sie immer im Stall bleiben.

Viele Bauern verkaufen Eier direkt im Hofladen. Die meisten Eier stammen aber aus riesigen Betrieben und werden von dort in die Supermärkte geliefert.

Woher weiß die Kasse im Supermarkt, wie teuer mein Kaugummi ist?

Zieht die Verkäuferin an der Kasse dein Päckchen Kaugummi über den Scanner, erscheint auf der Kassenanzeige der Preis. Dabei steht der Preis doch gar nicht auf dem Kaugummi drauf, oder etwa doch?

Der Barcode

Der Preis auf dem Kaugummipäckchen ist verschlüsselt und findet sich in dem Barcode. Man kann auch Strichcode dazu sagen. Das sind die weißen und schwarzen Linien mit den Zahlen darunter. Jedes Produkt im Supermarkt ist mit einem Barcode versehen.

Wie funktioniert der Barcodescanner?

Der Barcodescanner im Supermarkt befindet sich meistens unter einer Glasscheibe kurz hinter dem Laufband. Zusätzlich gibt es ein zweites Lesegerät, das im rechten Winkel dazu steht. So kann der Scanner jeden Barcode lesen, ganz gleich, wo er auf der Packung angebracht ist.

Der Barcode enthält verschiedene Informationen. Zum Beispiel, wer den Kaugummi hergestellt hat, welche Sorte es genau ist und natürlich, was er kostet. Das kann der Scanner alles aus den Strichen und Zahlen ablesen.

Kleine Zeitreise

Bevor es den Barcode gab, war alles etwas umständlicher: Auf jeden Artikel musste ein Aufkleber mit dem Preis des Artikels aufgeklebt werden. Hat sich der Preis eines Artikels dann geändert, mussten neue Aufkleber dran.

Die Datenbank

Hat der Scanner an der Kasse den Barcode eingelesen, wird eine Verbindung zu einer Datenbank hergestellt. Jeder Strichcode ist dort eingetragen und hat eine eigene Zeile.

In die Datenbank kann der Chef vom Supermarkt Preise oder andere Informationen eintragen. Da steht dann zum Beispiel bei dem Strichcode von deinem Kaugummi, dass es die Sorte mit Kirschgeschmack ist und dass ein Päckchen 80 Cent kostet.

Gibt es den Kaugummi dann mal als Sonderangebot, braucht nur der Preis in dieser Datenzeile geändert werden. Schon bekommt die Kasse die aktuelle Information und zeigt den günstigeren Betrag an.

Der Kassenzettel

An der Kasse gibt es auch einen ganz besonderen Drucker für die Kassenzettel. Dieser Drucker bekommt die Informationen über Artikel und Preis ebenfalls aus der Supermarktdatenbank.

Wenn du zum Schluss bezahlt hast und dein Einkauf abgeschlossen ist, wird der Bon ausgedruckt. Darauf steht dann wieder dein Kirschkaugummi für 80 Cent. Die Kassiererin gibt dir den Zettel und der Kaugummi gehört nun dir.

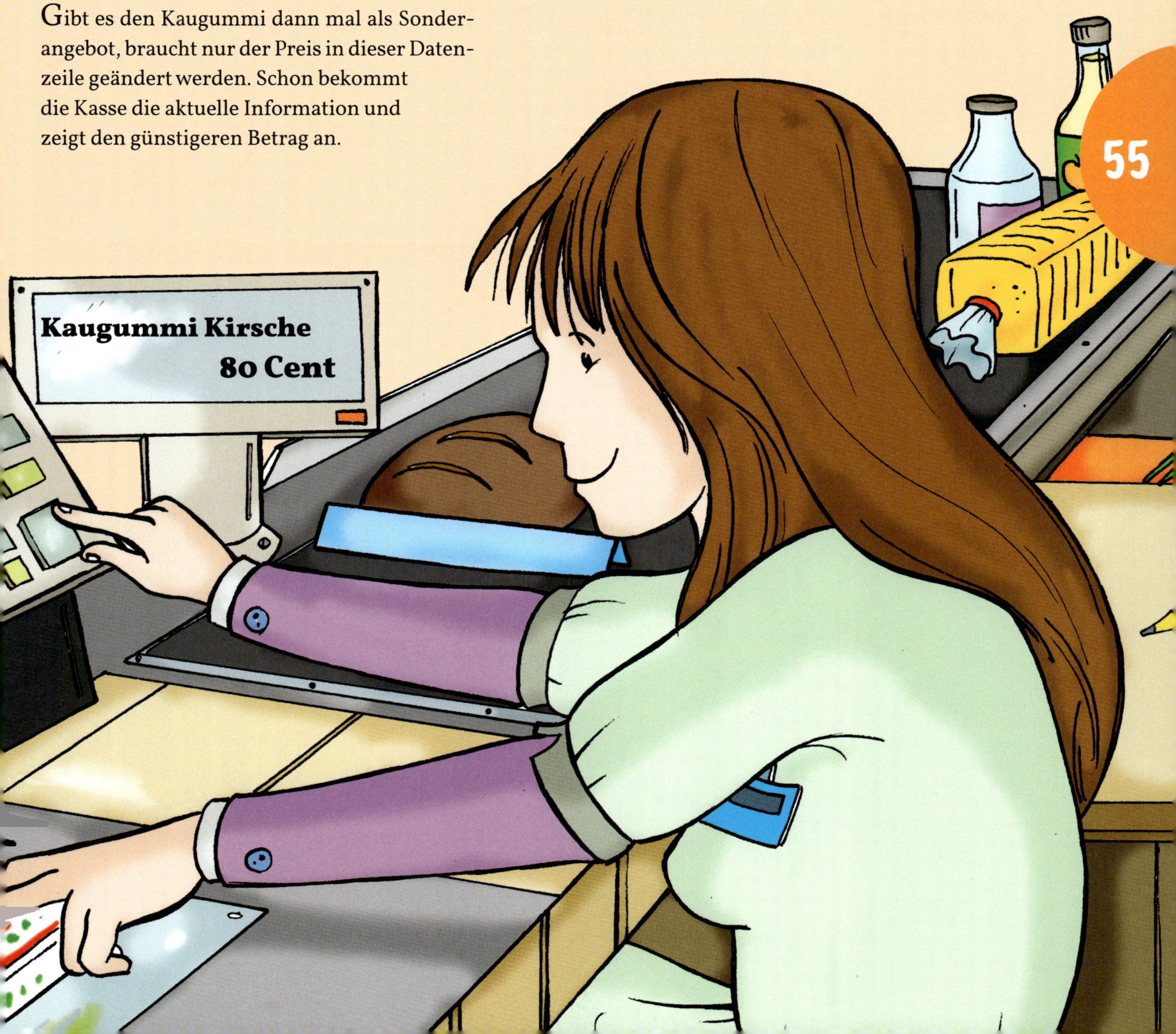

Wo kommt das Geld her?

Wenn du Gummibärchen essen möchtest, gehst du in den Supermarkt. Du zahlst an der Kasse mit Geld und erhältst dafür die Gummibärchen. Ihr habt ein Tauschgeschäft gemacht. Das Geld dafür war aus deiner Sparbüchse und vorher hatte es die Oma. Und davor? Wo kam es her und welchen Weg nimmt dein Geldstück jetzt?

Hast du auch ein Sparschwein?

In der Bank

Wenn deine Eltern Geld brauchen, gehen sie zur Bank. Am Schalter oder am Automaten bekommen sie dann den gewünschten Betrag. Und wie ist das Geld dort hingekommen?
Wer macht das Geld?

Eine kleine Zeitreise

Vor mehreren Tausend Jahren tauschten die Menschen noch kein Geld, sondern Waren des täglichen Bedarfs miteinander. So gab der Bäcker zum Beispiel drei seiner Brote an den Schmied und bekam ein Messer dafür.

Euro-Münzen

Bei den Euro-Münzen ist nur die Vorderseite in allen Euroländern gleich. Dort steht der Betrag der Münze. Die Rückseiten sind mit verschiedenen Motiven wie Bauwerken oder Personen aus den jeweiligen Euro-Ländern geschmückt.

Im Laufe der Zeit wurden die Tauschgeschäfte komplizierter und schwieriger. Die eingetauschte Kuh wurde krank und war plötzlich nichts mehr wert oder die Tauschwaren ließen sich nicht lange lagern.

Tauschhandel: Brot gegen Messer

Silber und Gold

So benutzte man schließlich Edelmetalle wie Gold und Silber zum Tauschen. Verkaufte der Bauer seine Ziege, bekam er dafür nun Gold. Das neue Tauschobjekt bot viele Vorteile. Es war unbegrenzt haltbar, ließ sich sammeln, um größere Dinge einzutauschen, und konnte zum Schutz vor Dieben sogar versteckt oder vergraben werden.

Papierscheine

Als die Gold- und Silbervorräte nicht mehr ausreichten, um genügend Geld in Umlauf zu bringen, gab man Papierscheine aus. Sie waren so etwas wie ein Schuldschein. Auf ihnen stand dann beispielsweise: „An den Überbringer dieses Papiers sind Waren im Wert von zwei Silbermünzen und zehn Golddukaten auszugeben".

Du gibst das Geld an die Kassiererin und bekommst dafür Gummibärchen – je mehr Geld du gibst, desto mehr Gummibärchen werden es.

Was Geld alles kann

Geld, wie du es heute kennst, erfüllt mehrere Aufgaben. Zum einen ist es ein Zahlungs- und Tauschmittel. Du gibst die Münzen an den Verkäufer und bekommst dafür die Gummibärchen.

Schon gewusst?

Auf die Edelmetallklumpen wurden bald darauf Bilder geprägt, die Münzen waren erfunden. Jede hatte einen bestimmten Wert, für den der König garantierte.

Geld ist aber auch ein Rechenmittel. Jede Ware hat einen bestimmten Wert, der in Geld angegeben wird. So lassen sich Waren miteinander vergleichen. Deine Gummibärchen kosten zum Beispiel so viel wie eine Packung Kaugummi. Um die supertollen Turnschuhe zu kaufen, müsstest du dagegen auf über 70 Gummibärchen-Tütchen verzichten.

Geld ist darüber hinaus auch ein Wertaufbewahrungsmittel. Das bedeutet, dass es über einen langen Zeitraum seinen Wert behält und deshalb gut aufgehoben und gesammelt werden kann. Du könntest also auf die Turnschuhe sparen.

Wer macht das Geld?

Die meisten Staaten haben eine Zentralbank. Sie hat darüber zu wachen, dass das Geld seinen Wert behält. Sie druckt auch die Banknoten und bringt sie in den Umlauf. Das bedeutet, sie verteilt sie an die einzelnen Banken.

Die Münzen werden im Auftrag der jeweiligen Regierung ausgegeben. Dieses Recht stammt noch aus dem Mittelalter, als die Könige und Landesfürsten die Münzen für ihr Land herstellten. Die Geldstücke werden in Münzprägeanstalten geprägt und von der Regierung an die Zentralbank verkauft. Diese bringt sie dann wie das Papiergeld in Umlauf.

Schon gewusst?

Weil die Zentralbank die Banknoten herstellt, heißt sie auch Notenbank.

Der Kreislauf des Geldes

Aus den verschiedenen Druckereien und Münzprägeanstalten kommt das Geld in die Zentralbank. Sie verteilt das Geld dann an die einzelnen Banken weiter. Dort können deine Eltern das Geld ganz einfach von ihrem Konto abheben.

Zentralbank

Im Supermarkt

Sie bezahlen damit zum Beispiel den Einkauf im Supermarkt. Nach Ladenschluss wird dort das Geld gezählt und alles, was das Geschäft nicht für den nächsten Tag als Wechselgeld zurückbehält, wird auf die Bank gebracht. Dort bekommt es dann der nächste Kunde ausgezahlt. Auch dein Geld vom Gummibärchen-Einkauf landet irgendwann wieder in der Bank.

Der zerrissene Geldschein

Geldscheine landen manchmal in der Waschmaschine und werden mitgewaschen. Oder sie werden aus Versehen zerrissen oder vom Meerschweinchen angefressen. Wertlos sind sie deshalb nicht. Beschädigte Geldscheine bekommst du ersetzt, wenn du mehr als die Hälfte der Banknote bei der Bank vorlegen kannst.

Zurück zur Zentralbank

Geldscheine werden von den Banken regelmäßig zur Zentralbank zurückgeschickt. Dort werden sie auf Echtheit geprüft. Beschädigte oder markierte Scheine werden aussortiert. Münzen nutzen sich seltener ab und werden nicht so häufig gefälscht. Deshalb bleiben sie manchmal über Jahrzehnte im Umlauf.

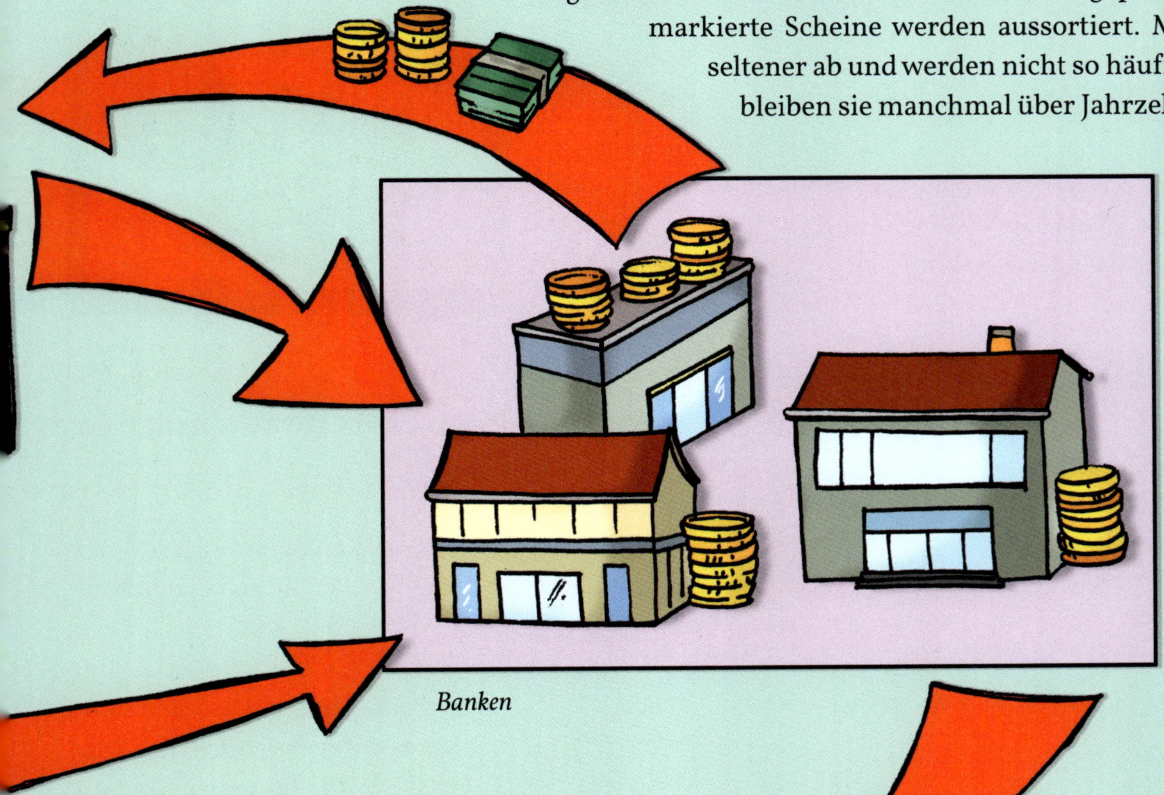

Banken

In der Bank

Wie schafft es mein Supermarkt, dass die Schokolade nie ausgeht?

Isst du auch so gerne Schokolade? Dann hast du bestimmt eine Lieblingssorte. Im Supermarkt kannst du sie kaufen und zum Glück ist immer welche da, wenn du eine möchtest. Nie ist das Regal leer. Wie schafft der Supermarkt das bloß?

Wer kauft was?

Du kaufst höchstens einmal pro Woche deine Lieblingsschokolade. Dein Freund dagegen holt sich zweimal in der Woche Nachschub und probiert jedes Mal eine andere Sorte. Wie kann der Chef vom Supermarkt also wissen, welche Sorte zuerst ausgeht?

Zur richtigen Zeit am richtigen Ort

Mit Hellsehen hat das nichts zu tun. Fachleute nennen das „Logistik". Gemeint ist damit, die richtige Ware zum richtigen Zeitpunkt am richtigen Ort für den richtigen Kunden zu haben. Das bedeutet nichts anderes, als dass du deine geliebte Nussschokolade am Mittwoch im Supermarkt um die Ecke kaufen kannst. Und das geht so …

Strichcode

Sein korrekter Name lautet EAN-Code. Das ist die Abkürzung für „**E**uropäische **A**rtikel-**N**ummer".

Dem Strichcode auf der Spur

Wie du ja inzwischen schon weißt, hat jeder Artikel im Supermarkt einen Strichcode, also auch deine Schokolade. Er ist auf die Packung gedruckt und besteht aus verschieden breiten Strichen und einer Zahlenfolge. An ihr lässt sich ablesen, aus welchem Land und aus welchem Betrieb das Produkt stammt und um welchen Artikel es sich handelt.

Kaufst du die Tafel, zieht die Kassiererin sie über den Scanner. Dort wird der Strichcode eingelesen und der vom Laden festgelegte Preis dafür erscheint auf der Kasse.

Die Schokoladen-Bestellung

Wenn bei deinem Einkauf die Artikel über den Scanner gezogen werden, rechnet die Kasse nicht nur den Preis aller gekauften Artikel zusammen. Sie ist zusätzlich mit einem Computerprogramm verbunden, in dem die eingekaufte und die verkaufte Ware aufgelistet ist.

Der Computer weiß nun, dass eine Tafel Nussschokolade verkauft wurde. Er zieht sie von der Liste der Nussschokoladen ab. Da insgesamt 15 Stück vom Supermarktchef eingekauft wurden, sind jetzt immer noch 14 Stück da.

Für jeden Artikel im Laden wird in dem Computerprogramm ein Puffer eingeplant. Wie groß der ist, hängt davon ab, wie oft der Artikel gekauft wird und wie lange es von der Bestellung bis zur Lieferung dauert. Sind zum Beispiel nur noch vier Tafeln da, wird automatisch eine Bestellung aufgegeben.

Beim Lieferanten

Die Bestellung landet beim Lieferanten. Sie wird zusammen mit den anderen fehlenden Artikeln verpackt und in den Supermarkt gefahren. Dort wird die Lieferung in das Computerprogramm eingegeben, damit die Menge der Artikel wieder auf dem neuesten Stand ist.

Hier siehst du vereinfacht dargestellt, wie von der Kasse die Information, dass eine Tafel Schokolade gekauft wurde, an das Computerprogramm weitergegeben wird.

Woher weiß man, wie lange Lebensmittel haltbar sind?

Ist dir schon einmal aufgefallen, dass auf Lebensmittelpackungen ein Datum aufgedruckt ist? Das ist das sogenannte Mindesthaltbarkeitsdatum (MHD) oder das Verbrauchsdatum. Es gibt Auskunft darüber, bis wann der Joghurt mindestens gut ist oder bis wann das Hackfleisch gegessen sein sollte. Aber wieso kann man vorher schon wissen, wann das Essen schlecht wird?

Woher weiß ich, ob ich alles aus meinem Kühlschrank noch essen kann?

Das Mindesthaltbarkeitsdatum

Wenn du den Kühlschrank öffnest, findest du wahrscheinlich auf den allermeisten Lebensmitteln ein Mindesthaltbarkeitsdatum. „Mindestens haltbar bis“, steht dort und dann folgt ein Datum. Was bedeutet das?

Ist dieses Datum abgelaufen, heißt das noch nicht, dass dein Joghurt jetzt nicht mehr genießbar ist. Es sagt lediglich aus, dass der Hersteller garantiert, dass dieser Joghurt bis zu diesem Zeitpunkt genau die Qualität hat wie bei der Herstellung. Danach ist er vielleicht nicht mehr so cremig, aber essbar kann er immer noch sein.

Versuch macht klug

Wie lange ein Lebensmittel mindestens haltbar ist, bestimmt der Hersteller. Jedes Lebensmittel ist anders und muss deshalb für sich untersucht werden. Dazu lagert die Firma das Produkt so lange, bis es sich verändert oder verdirbt.

Wenn du Geruch, Aussehen und Geschmack vom Joghurt genau geprüft und deine Eltern gefragt hast, kannst du ihn auch noch nach dem Mindesthaltbarkeitsdatum genießen.

Über jede Entwicklung wird dabei Protokoll geführt. Untersucht werden Geschmack, Geruch, Aussehen, Form, Frische, die Belastung mit unerwünschten Bakterien und die Beschaffenheit des Lebensmittels. Anhand der Zeit, die es dauert, bis unerwünschte Veränderungen eintreten, wird dann das Mindesthaltbarkeitsdatum festgelegt.

Das Mindesthaltbarkeitsdatum bezieht sich immer auf ungeöffnete Ware. Ist der Joghurt oder die Dose erst einmal auf, kommt Luft an die Ware und sie kann schneller verderben.

Lebensmittelprüfer bei der Arbeit

Holst du nun einen Joghurt aus dem Kühlschrank, dessen Mindesthaltbarkeitsdatum überschritten ist, kannst du es machen wie ein Lebensmittelprüfer: anschauen, daran riechen und vorsichtig kosten. Riecht er so, wie du es gewohnt bist, und sieht auch so aus? Dann steht dem Auslöffeln nichts mehr im Weg. Frage aber vorher lieber auch noch bei deinen Eltern nach!

Achtung!

Ist das „Zu verbrauchen bis“-Datum überschritten, darfst du das Lebensmittel auf keinen Fall mehr essen! Es ist dann nämlich gesundheitsschädlich.

Zu verbrauchen bis ...

Das Verbrauchsdatum „Zu verbrauchen bis ...“ findet sich auf leicht verderblichen Lebensmitteln, wie zum Beispiel rohem Fleisch. Diese Lebensmittel sollten bis dahin dann auch unbedingt gegessen werden.

Fleisch darfst du nach Ablauf des „Zu verbrauchen bis“-Datums nicht mehr kochen und essen!

Woher weiß die Automatiktür, dass sie sich öffnen muss, wenn ich davorstehe?

Im Einkaufszentrum, im Supermarkt, aber auch bei Fahrstühlen oder am Flughafen, überall können dir automatische Türen begegnen. Sie sind besonders praktisch, wenn du die Hände voll mit Tüten oder Reisegepäck hast. Wie von Geisterhand gleiten sie zur Seite und geben den Weg frei. Woher wissen sie jedoch, wann sie das tun sollen?

Die Tür

Anders als bei einer Zimmertür sind die Türelemente bei einer Schiebetür an Laufschienen aufgehängt. Am Boden werden sie an einem Stift geführt. Er greift in eine Rille an der Unterkante und sorgt dafür, dass die Flügel nicht vor- und zurückschwingen. Oberhalb der Tür befindet sich in der Regel ein Kästchen mit einem Sensor. Das ist ein Gerät, das die Umgebung abtastet und Veränderungen feststellt.

Auf dem Radarschirm

Viele Automatiktüren arbeiten mit Radarstrahlen. Sie werden von einem Sensor oberhalb der Tür auf den Boden gesandt. Die Wellen werden vom Boden, von den Wänden, von Gegenständen und Personen, die sich in der Strahlenzone befinden, reflektiert. Reflektiert meint, dass sie zurückgeworfen werden – wie ein Ball, den du gegen die Wand wirfst, der abprallt und zu dir zurückkommt.

Die reflektierenden Strahlen bilden ein ganz bestimmtes Muster, wenn der Bereich leer ist. Dieses Muster ist in dem Gerät gespeichert. Betrittst du jetzt den Bereich vor der Automatiktür, verändert sich das Muster. Der Türmotor startet und die Tür geht auf.

Durch die Lichtschranke

Andere Automatiktüren arbeiten mit Lichtschranken. Bei einer Lichtschranke wird ein Lichtstrahl auf einen lichtempfindlichen Empfänger gesendet. Das kannst du dir so ähnlich vorstellen wie einen Faden, der zwischen zwei Punkten gespannt wird. Trifft der Strahl auf den Empfänger, fließt ein schwacher Strom. Die Tür bleibt zu.

Wird diese Lichtschranke unterbrochen, zum Beispiel weil du durch den Lichtstrahl gehst, fließt kein Strom mehr. Der Faden ist sozusagen zerrissen und es kommt kein Strahl mehr beim Empfänger an. Das ist dann das Signal für den Motor, die Tür für dich zu öffnen.

Schon gewusst?

Manche Türen arbeiten auch mit einem Infrarotsensor. Er spürt deine Körperwärme und bringt die Tür dazu, sich zu öffnen.

Woher weiß die Sonne, dass sie aufgehen muss?

Unser Lebensrhythmus hängt von der Sonne ab. Wenn die Sonne aufgeht und es hell wird, stehen wir auf. Geht die Sonne unter, wird es dunkel und wir gehen schlafen – meistens zumindest. Immer sprechen wir davon, dass die Sonne auf- oder untergeht. Aber stimmt das eigentlich?

Die Erde – Scheibe oder Kugel?

Lange Zeit glaubten die Menschen, dass die Erde eine Scheibe sei und man an ihrem Rand herunterfallen könne. Sie sahen die Sonne an einem Rand aufgehen und am anderen Rand wieder versinken.

Später entdeckten die Griechen, dass bei einem Schiff am Horizont zuerst das Segel auftaucht und dann der Rest des Schiffes. Sie schlossen daraus, dass die Erde eine Kugel ist.

Der Mittelpunkt der Welt

Auch die Griechen glaubten noch, dass sich alle Planeten um die Erde drehen und die Erde also der Mittelpunkt des gesamten Universums ist.

Wer steht, wer dreht?

Inzwischen wissen wir, dass sich die Sonne nicht bewegt. Stattdessen kreisen die Planeten um sie. Die Erde ist einer davon. Zusätzlich dreht sich die Erde im Laufe eines Tages einmal um ihre eigene Achse. Dadurch wird jeder Teil der Erde einmal zur Sonne gedreht, dort ist dann Tag. Dreht sich die Erde weiter, entfernt sie sich aus dem von der Sonne beschienenen Bereich. Dann ist es dort Nacht.

Ohne die Drehung der Erde würde immer dieselbe Seite zur Sonne zeigen. Dort wäre es sehr warm. Auf der sonnenabgewandten Seite wäre es dagegen sehr kalt. Die Menschen dort würden die Sonne überhaupt nicht sehen. Für ihre Verwandten auf der Sonnenseite bliebe die Sonne immer in derselben Position.

24 Stunden

Eine Erdumdrehung dauert 24 Stunden. Das ist genau die Zeit, die als Maß für unseren Tag festgelegt wurde.

Auf dem Erdkarussell

Von der Erde aus betrachtet sieht es so aus, als würde sich die Sonne bewegen. Das liegt daran, dass wir von der Bewegung der Erde gar nichts merken. Scheinbar geht die Sonne im Osten auf und im Westen unter, dabei dreht sich die Erde genau in die entgegengesetzte Richtung von Westen nach Osten.

Probiere es selbst aus: Setze dich auf ein kreisendes Karussell und halte den Blick auf ein unbewegliches Gebäude in einiger Entfernung gerichtet. Es dauert nicht lange und du hast das Gefühl, dass sich das Gebäude bewegt und du stillstehst. Genauso geht es uns mit der Sonne: Wir denken, dass sie sich bewegt und wir stillstehen. Dabei ist es genau andersherum.

Warum sieht der Mond immer anders aus?

Sicherlich ist dir schon einmal aufgefallen, dass du vom Mond manchmal nur einen kleinen Teil sehen kannst. Dann wieder ist er ganz zu sehen und dann auf einmal gar nicht mehr. Wie macht er das nur?

Ständiger Begleiter der Erde

Der Mond begleitet die Erde. Er ist ihr Trabant, sagen die Sternenforscher. Er braucht ungefähr einen Monat für eine Erdumrundung, ganz genau sind es 29,5 Tage. Wie die Erde dreht er sich auch um seine eigene Achse. Und so kommt es, dass wir immer nur dieselbe Seite von ihm sehen. Der Mond selbst leuchtet nicht. Du kannst ihn nur sehen, weil er von der Sonne beschienen wird.

Die Mondphasen

Auf seiner Wanderung um die Erde durchläuft der Mond verschiedene Phasen. Ihre Entstehung kannst du dir so erklären: Das Licht der Sonne fällt immer auf dieselbe Seite des Mondes. Weil er sich aber um die Erde dreht, schaust du jeden Tag beziehungsweise jede Nacht aus einem anderen Blickwinkel auf ihn. So kann es passieren, dass er dir auch einen Teil seiner Schattenseite zeigt.

Du kannst das selbst mit einer Taschenlampe ausprobieren: Wenn du in einem dunklen Zimmer mit der Lampe eine Kugel anstrahlst und dann deine Position veränderst, siehst du sie von einer Stelle aus als vollen Kreis, von einer anderen aus nur als halben.

Vom Neumond zum Vollmond und zurück

Zu Beginn der Mondphasen ist Neumond. Dann steht der Mond zwischen Sonne und Erde und ist kaum zu sehen. Drei Tage später ist er schon als Sichel zu erkennen. Am siebten oder achten Tag ist Halbmond. Bis zum 15. Tag wächst er weiter. Dann ist Vollmond. Jetzt siehst du ihn komplett. Danach nimmt er wieder ab und die Mondphasen laufen sozusagen rückwärts. Mit Neumond beginnen die Phasen von vorne.

Ebbe und Flut

An einigen Küsten kannst du beobachten, dass sich ein- bis zweimal am Tag die Höhe des Meeresspiegels ändert. Bei Ebbe „läuft das Wasser davon", bis Niedrigwasser ist, dann kommt es als Flut zurück, bis wieder Hochwasser erreicht ist. Das liegt an der Anziehungskraft des Mondes und zum Teil auch an der der Sonne. Bei Vollmond und Neumond ist die Anziehungskraft am stärksten und deswegen das Hochwasser sehr hoch und das Niedrigwasser sehr niedrig.

Wenn Mond und Sonne sich verdunkeln

Steht die Erde genau zwischen Sonne und Mond, verdeckt die Erde den Mond mit ihrem Schatten. Dann spricht man von einer Mondfinsternis. Bei einer totalen Sonnenfinsternis befindet sich der Mond genau zwischen Sonne und Erde. Dann verdeckt er die Sonne und auf der Erde wird es dunkel.

Die dunkle Seite des Mondes

Erst seit Astronauten im Weltall waren und Fotos von der Mondrückseite gemacht haben, weiß man, dass es dort sehr viele Krater gibt.

Wer macht das Wetter?

Es gibt keinen Tag ohne Wetter. Mal scheint die Sonne und du kannst in kurzen Hosen herumlaufen, dann regnet es plötzlich und du brauchst einen Schirm. Im Herbst pusten dir die Stürme die Mütze vom Kopf und im Winter fällt genug Schnee, um einen Schneemann zu bauen. All das ist Wetter. Wie kommt es zu so unterschiedlichen Ereignissen und wo kommt das Wetter her?

Die Atmosphäre

Unsere Erde ist von einer schützenden Lufthülle, der Atmosphäre, umgeben. Die Atmosphäre besteht aus mehreren Schichten. Die unterste Schicht beginnt direkt am Boden und reicht bis in eine Höhe von ungefähr 16 Kilometern. Ihr Name ist Troposphäre. Hier befinden sich fast die gesamte Luftmasse und der Wasserdampf, die in der Atmosphäre enthalten sind. Weil es ohne Wasserdampf keine Wolken geben würde, ist dies auch die Schicht, in der das Wetter entsteht.

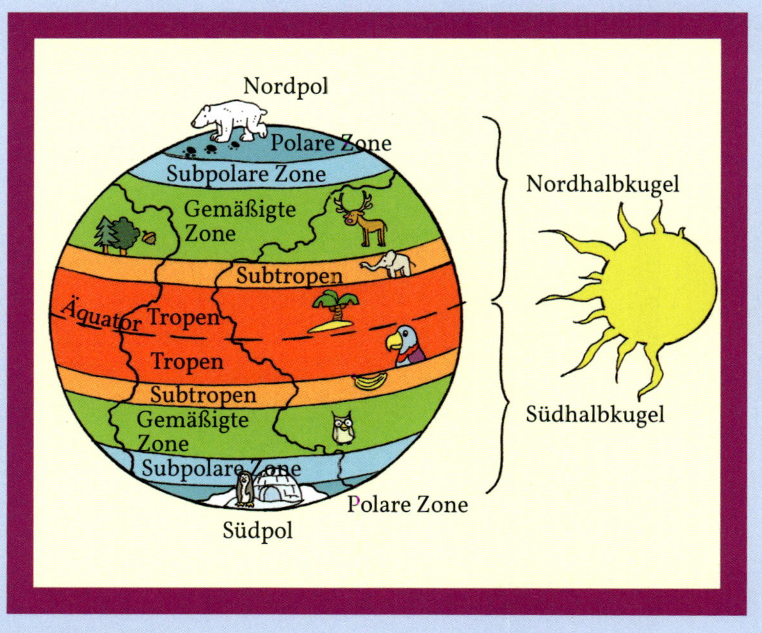

Die Klimazonen

Einmal umrühren, bitte!

Das Wetter ist wie ein Riesen-Quirl, der die unterschiedlichen Temperaturen auf der Erde miteinander vermischt. Die Unterschiede kommen durch die Position der Sonne zur Erde zustande. Dadurch ist es an den Polen kalt und in der Nähe des Äquators sehr warm.

Ohne die Atmosphäre hättest du keine Luft zum Atmen und auch das Wetter gäbe es nicht.

Stell dir vor, du lässt Wasser in die Badewanne ein, erst heißes und dann kaltes. Die Temperaturunterschiede bleiben nicht bestehen, sondern das Wasser vermischt sich so lange, bis es überall die gleiche Temperatur hat. Du kannst diesen Vorgang beschleunigen, indem du mit der Hand umrührst.

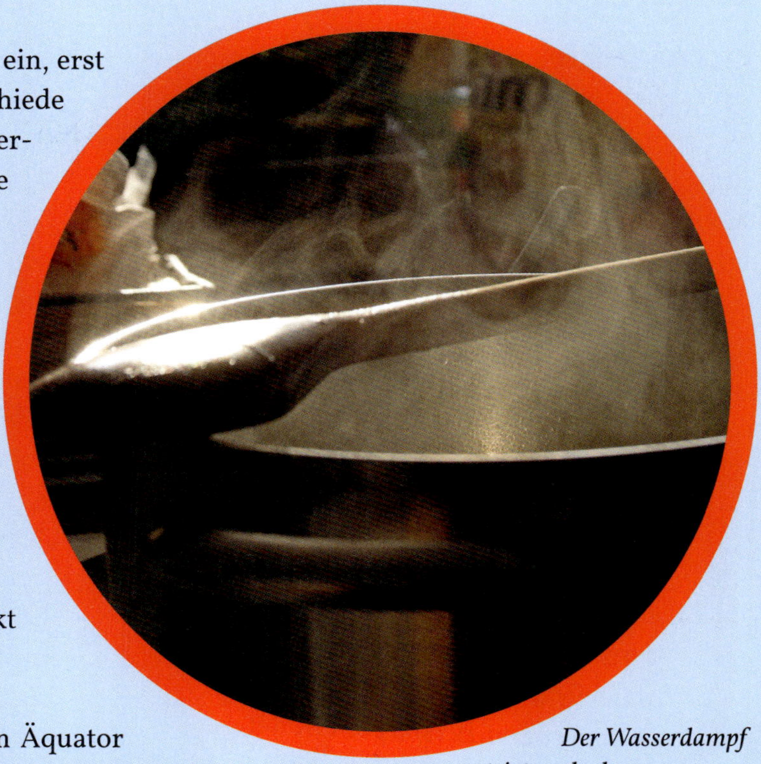

Der Wasserdampf steigt nach oben.

Mit dem Wetter ist es ähnlich. Die verschieden warmen Luftmassen neigen dazu, sich aneinander anzupassen. Warme Luft hat die Eigenschaft, aufzusteigen, denn sie wird leichter. Das hast du vielleicht schon einmal selbst beobachtet. Wenn das Wasser in einem Topf kocht, steigt der heiße Dampf nach oben. Kalte Luft ist dagegen schwerer als heiße und sinkt zu Boden.

Auf der Erde steigt die Luft über dem warmen Äquator auf und wandert in Richtung der Pole. Dort kühlt sie ab, sinkt zu Boden und bewegt sich wieder in wärmere Regionen. Die Luftbewegungen, die dabei entstehen, kannst du als Wind spüren. Je größer die Gegensätze sind, desto heftiger weht der Wind.

Bei Wind kannst du Drachen steigen lassen.

Leichte Brise oder Sturm?

Die Luft, die sich um dich herum bewegt, nimmst du als Wind wahr. Manchmal ist es nur ein Hauch, der kaum eine Feder bewegt. Wind kann aber auch so stark sein, dass du dich gegen ihn lehnen kannst, ohne umzufallen. Er kann sogar große Bäume ausreißen. Dann nennt man ihn Orkan.

Windmessung

Die Stärke des Windes wird in Beaufort gemessen. Die nach dem britischen Seekapitän Francis Beaufort (1774–1857) benannte Windskala reicht von null (Windstille) bis zwölf (Orkan).

Wieso ändert sich das Wetter?

Meistens spürst du es nicht, aber die Luft übt ständig Druck – den Luftdruck – auf dich aus. Dieser Druck kann niedrig oder hoch sein. Verändert sich der Luftdruck, kommt es zu einer Wetteränderung. Wie funktioniert das?

Barometer

Mit einem Barometer lässt sich die Veränderung des Luftdrucks messen. Der Luftdruck wird in der Einheit Hektopascal (abgekürzt hPa) angegeben. 1050 hPa ist zum Beispiel ein hoher Luftdruck, 900 hPa ist ein niedriger.

Luft besteht aus vielen winzigen Teilchen, die ein Gewicht haben. Wie alles andere auch werden sie von der Erde angezogen. Die Luft drückt in Richtung Boden. Dort ist der Druck höher als auf den Bergen. Das liegt daran, dass dort nicht nur die unterste, sondern auch alle darüberliegenden Luftschichten auf den Boden drücken. Das kannst du dir so ähnlich vorstellen wie ein Bett mit vielen Decken. Liegt nur eine davon auf dir, ist der Druck geringer, als wenn sich zehn Decken über dir türmen.

Anderer Druck – anderes Wetter

Der Luftdruck bleibt nicht immer gleich. Er ändert sich mit der Lufttemperatur. Ist es warm, dehnt sich die Luft aus, steigt nach oben und der Luftdruck sinkt. Es entsteht ein Tiefdruckgebiet. Bei Hochdruckgebieten ist es umgekehrt. Dort, wo viel kalte Luft zu Boden sinkt, verdichtet sie sich und der Druck ist hoch. Dieses ständige Auf- und Absinken der Luftmassen und der Versuch, Temperaturunterschiede auszugleichen, bezeichnet man als Wetter.

Schon gewusst?

Es gibt Länder, die benennen die Luftdruckgebiete. In Deutschland zum Beispiel bekommen in allen geraden Jahren große Hochdruckgebiete männliche und große Tiefdruckgebiete weibliche Vornamen. In ungeraden Jahren ist es genau andersherum. Benannt werden sie in alphabetischer Reihenfolge. Auf Hoch Agnes folgt zum Beispiel Barbara und dann Christine.

Badehose oder Regenschirm?

Kündigt der Wetterbericht ein Hochdruckgebiet an, wird das Wetter schön. Im Sommer ist es dann in der Regel sonnig und trocken, der Himmel ist klar. Mit den richtigen Temperaturen dazu wird es ein perfekter Tag für das Eiscafé und den Besuch im Schwimmbad. Ausgedehnte Hochdruckgebiete bringen über längere Zeit warmes Wetter und auch der Wind weht nur leicht.

Fällt der Luftdruck und ein Tiefdruckgebiet ist im Anmarsch, wird das Wetter schlechter. Es kann trübe sein, regnen oder schneien und stürmen. An solchen Tagen nimmst du besser einen Schirm mit oder ziehst eine Regenjacke an.

Wie kommt das Wasser in die Wolke?

Auf dem Weg ins Schwimmbad war noch strahlender Sonnenschein. Nach dem Baden ist der Himmel plötzlich ganz dunkel und es fängt an zu regnen. Wie ärgerlich, wo du doch keine Regenjacke bei dir hast. Wieso muss es überhaupt regnen? Kann denn nicht einfach immer die Sonne scheinen?

Verdunsten

Das bedeutet, dass sich das Wasser in Wasserdampf verwandelt. Aus flüssig wird gasförmig.

Der „Blaue Planet“

Hast du schon einmal ein Bild der Erde aus dem Weltall gesehen? Die meisten Flächen sehen von oben ganz blau aus. Das sind die Meere und Ozeane. Fast drei Viertel der Erdoberfläche bestehen aus Wasser. Aus diesem Wasser wird Regen. Aber nur wenn die Sonne scheint.

Ab in die Wolke

Denn wenn die Sonne scheint, wärmt sie die Erdoberfläche auf. Dann verdunstet ein Teil des Wassers aus Meeren, Seen, Flüssen und Bächen. Das hast du vielleicht auch schon einmal selbst beobachtet. Wenn es im Sommer nach einem heftigen Regenguss wieder schön warm wird, sind die Pfützen auf dem Weg im Nu weggetrocknet, sie sind einfach verdunstet.

Mit der warmen Luft steigt der Wasserdampf in die Höhe. Je höher er kommt, desto mehr kühlt er ab. Denn hoch oben ist die Luft viel kälter als am Boden. Aus dem Wasserdampf werden winzige Tröpfchen, die als Wolke sichtbar werden. Sie sind sehr leicht und deshalb können sie in der Luft schweben und vom Wind über den Himmel geschoben werden.

Im freien Fall

Sammeln sich in der Wolke immer mehr Wassertröpfchen, verbinden sie sich zu Regentropfen und werden zu schwer für die Luft. Sie können sich nicht mehr halten und es fängt an zu regnen. Auf ihrem Weg nach unten prallen sie mit anderen Tropfen zusammen und werden so unter Umständen sogar noch größer. Der Regen sammelt sich wieder in Flüssen und Bächen und der Wasserkreislauf kann von Neuem beginnen.

Wenn Regentropfen frieren

Neben Regen kann aber auch Hagel, Graupel oder Schnee aus der Wolke fallen. Ob du einen Schneemann bauen oder mit Gummistiefeln durch die Pfützen planschen kannst, hängt von der Temperatur in der Wolke ab. In großer Höhe frieren die meisten Wassertropfen zu Eis. Fallen sie dann durch wärmere Luftschichten nach unten zur Erde, tauen sie wieder auf und es regnet.

Schnee

Wusstest du, dass Schneekristalle unabhängig von ihrer Größe immer sechseckig sind?

Liegen die Temperaturen in der Wolke weit unter dem Gefrierpunkt, bilden sich aus den Wassertropfen Eiskristalle. Sie können auch entstehen, wenn heftiger Wind die Tropfen immer wieder hoch nach oben in eiskalte Schichten schleudert. Die Eiskristalle verbinden sich mit weiteren Kristallen. Aus Hunderten von solchen Kristallen wird eine Schneeflocke. Wie bei den Regentropfen werden sie dann zu schwer und fallen zur Erde: Es schneit.

Ein Hagelkorn entsteht, wenn die Luft in einer Wolke viel herumgeschleudert wird.

Hagel

Hagel bildet sich in Wolken, in denen große Auf- und Abwinde herrschen. Das bedeutet, dass die Luft in der Wolke wie in einer Waschmaschine herumgeschleudert wird. Sie saust nach oben und von dort gleich wieder nach unten.

So können sich zum Beispiel an einen Schneekristall auf dem Abwärtsweg Wassertropfen anhängen. Wird der Schneekristall wieder in höhere kältere Schichten der Wolke gewirbelt, gefrieren die Wassertropfen zu Eis. Auf dem Weg nach unten hängt sich noch mehr Wasser an und das Hagelkorn wächst. Je länger es in der Wolke herumgeschleudert wird, desto größer kann es werden.

Graupel

Graupel bildet sich, wenn Regentropfen oder angetaute Schneeflocken durch eine sehr kalte Luftschicht fallen. Dann gefrieren die Tropfen oder Flocken zu festen, körnigen Gebilden. Im Durchmesser sind sie maximal einen halben Zentimeter groß. Eine Beule bekommst du jedenfalls nicht, wenn sie dir auf den Kopf fallen.

Aus diesen Wolken wird es bestimmt regnen.

Wolkentypen

Wolken kann man in vier Grundarten unterteilen: Zirruswolken, Stratuswolken, Kumuluswolken und Nimbuswolken. „Zirrus" heißt übersetzt „Haarlocke", „Stratus" heißt „glatte Schicht", „Kumulus" bedeutet „Haufen" und „Nimbus" heißt „Regen".

Hier siehst du eine Kumuluswolke.

Schleier oder Schäfchen?

Wolken können ganz unterschiedlich aussehen. Manchmal sind sie dick und aufgeplustert wie ein wolliges Schaf, andere sehen aus wie ein Blumenkohl oder sind zart wie ein hauchdünner Schleier. Welche Form sie annehmen, hängt davon ab, in welcher Höhe sie sich bilden, wie lange sie dafür brauchen und wie viele Wassertröpfchen sich in ihnen ansammeln. Wetterexperten können anhand der Wolkenform vorhersagen, ob es aus ihr regnen wird oder ob es trocken bleibt.

Können Meteorologen hellsehen?

„Der morgige Tag beginnt heiter bis wolkig, die Höchsttemperatur beträgt 17 Grad Celsius.“ So oder so ähnlich klingen Wetterberichte. Woher wissen die Meteorologen, wie das Wetter wird?

Schon gewusst?

Von Wetter spricht man, wenn es sich um Regen, Sonne oder Temperaturen handelt, die sich auf einen bestimmten Ort und Zeitpunkt beziehen. Als Klima bezeichnet man die Wetterverläufe eines größeren Gebiets über einen langen Zeitraum hinweg.

Wie ist das Wetter?

Um eine Vorhersage zu erstellen, schauen sich die Meteorologen, das sind die Wetterkundler, zuerst genau an, wie das Wetter zurzeit ist. Dazu brauchen sie möglichst viele und sehr unterschiedliche Daten. Wo kommen die her?

Wetterstationen

Auf der ganzen Erde gibt es Wetterstationen. In ihnen befinden sich die unterschiedlichsten Messgeräte. Gemessen werden Feuchtigkeit, Temperatur, Sonnenscheindauer, Regen- und Schneemenge sowie Luftdruck, Windgeschwindigkeit und Windrichtung. Mit dem Thermometer lässt sich feststellen, wie warm es ist.

Ein Regenmesser sammelt den gefallenen Niederschlag und mit wieder anderen Geräten, die wie Windräder oder Propeller aussehen, wird die Windgeschwindigkeit gemessen. So gibt es für jede Form der Messung ein anderes Gerät.

An Land

Wetterstationen gibt es am Boden. Vielleicht hast du sogar schon einmal so eine Station gesehen. Die kleineren von ihnen sehen so ähnlich aus wie ein Vogelhäuschen. Diese Häuschen, die Meteorologen sagen Wetterhütten dazu, sollen die empfindlichen Instrumente vor direkter Sonneneinstrahlung schützen. Ihre Wände und Türen bestehen aus Holzlamellen, damit die Luft ein- und ausströmen kann. Apparate, die die Regenmenge messen, stehen im Freien. Windmesser werden möglichst hoch über dem Boden oder auf Bergen angebracht.

Auf dem Meer

Messstationen gibt es auch auf dem Meer. Kleinere Geräte werden an Bojen befestigt, größere befinden sich auf Schiffen oder Bauwerken wie zum Beispiel Leuchttürmen.

Es wird schönes Wetter mit viel Sonnenschein.

Es wird sonnig und wolkig.

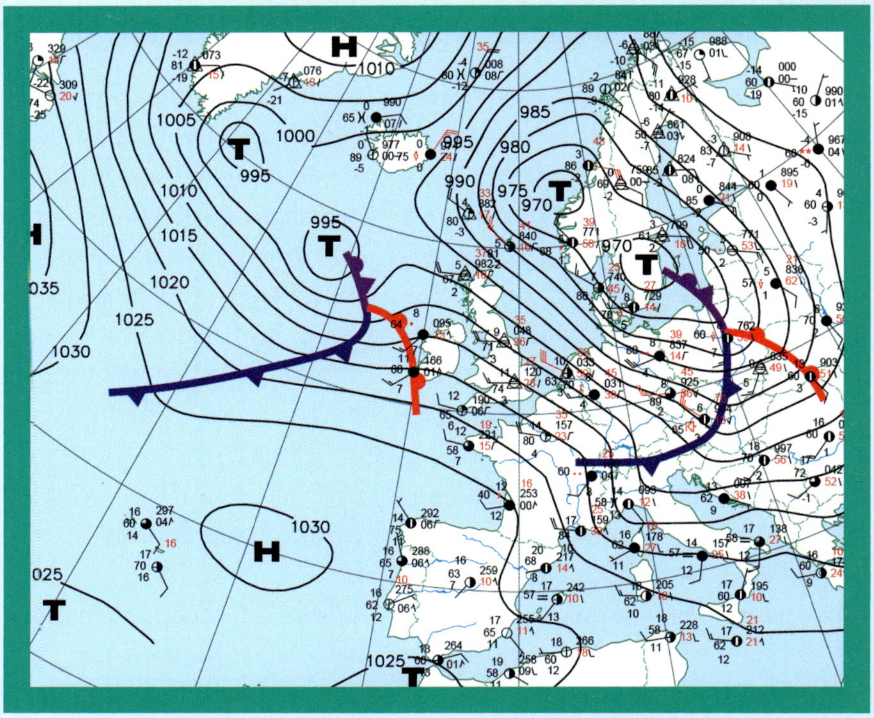

So sieht eine Wetterkarte aus.

In der Luft

Selbst in der Luft und im All finden Messungen statt. An Wetterballons steigen Messstationen in die Höhe und im All kreisen Wettersatelliten, die ihre Daten per Funk zur Erde schicken.

Von den Daten zur Karte

Alle Informationen von den Wetterstationen werden an eine Wetterzentrale geschickt und dort ausgewertet. Alle Daten werden auf einer Karte eingetragen. Sie zeigt das aktuelle Wetter im ganzen Land. Weil wir aber nicht nur wissen wollen, wie das Wetter bei uns im Land ist, tauschen die Länder ihre Messdaten untereinander aus. Das ist praktisch, weil du dann auch feststellen kannst, wie das Wetter an deinem Urlaubsort ist.

So sieht ein Wettersatellit aus.

Satellitenbilder

Die Wetterkarten mit den Luftaufnahmen, die du im Fernsehen siehst, stammen von Satelliten, die in großer Höhe die Erde umkreisen.

Der Blick in die Zukunft

Meteorologen sind leider keine Hellseher. Trotzdem stimmen viele ihrer Voraussagen recht genau. Das ist nur möglich, weil sie wissen, wie Wetter funktioniert, also wie Temperatur, Luftfeuchtigkeit und die anderen Dinge, die sie messen, zusammenhängen. Dafür gibt es ganz komplizierte Formeln. Die erfassten Daten werden in die Formeln eingegeben und riesige Computer berechnen daraus das Wetter für die nächsten Tage.

Geheimcode Wetter

Damit alle Meteorologen auf der Welt auch die Wetterdaten und Wetterkarten der anderen verstehen, haben sie sich auf feste Zeichen und Ziffern für bestimmte Wetterereignisse geeinigt. So ähnlich wie bei einer Geheimsprache.

Es wird wolkig.

Es wird regnen.

Es wird schneien.

Es wird ein Gewitter geben.

Manchmal ungenau

Meistens ist diese Vorausschau für die nächsten zwei bis drei Tage ziemlich zuverlässig. Je weiter der Blick in die Zukunft reichen soll, desto ungenauer wird sie jedoch. Die Genauigkeit nimmt ebenfalls ab, wenn es darum geht, nur einen ganz kleinen Ausschnitt zu betrachten. Ist für den Norden des Landes Regen vorhergesagt, kann es sein, dass es bei dir trocken bleibt, auch wenn du im Norden wohnst.

Sicher hast du auch schon einmal beobachtet, dass es in einer Straße nass wird, die nächste aber trocken bleibt. So genau ist die Wettervorhersage dann also doch nicht.

Warum gibt es Jahreszeiten?

Die Jahreszeiten Frühling, Sommer, Herbst und Winter lernt jedes Kind. Eine Menge Lieder gibt es zu dem Thema auch. In einem heißt es: „Der Frühling bringt Blumen, der Sommer den Klee, der Herbst bringt die Ernte, der Winter den Schnee.“ Logisch! Aber ist das wirklich überall auf der Erde so?

Im Frühling beginnen die Bäume und Blumen zu blühen.

Der Rhythmus des Jahres

Die Jahreszeiten unterteilen das Jahr in verschiedene Abschnitte. Sie unterscheiden sich durch das Klima, also wie warm oder kalt es ist, und dadurch, wie hell oder dunkel die einzelnen Tage sind. Das ist aber nicht überall auf der Welt gleich.

Im Sommer kannst du viel draußen sein, da das Wetter meistens schön ist.

Ganz schön schief

Die Erde kreist um die Sonne. Für eine Umdrehung braucht sie ein Jahr. Die Erde dreht sich dabei um sich selbst, so kommen die Tage zustande. Und die Jahreszeiten? Die gibt es, weil die Erde in einem bestimmten Winkel zur Sonne geneigt ist. Anders ausgedrückt: Sie hat eine ganz schöne Schieflage, exakt 23,5 Grad Neigung in Richtung Sonne.

Nord- und Südhalbkugel

Auf der Nord- und der Südhalbkugel der Erde herrschen jeweils die entgegengesetzten Jahreszeiten: Ist auf der Südhalbkugel Sommer, so ist auf der Nordhalbkugel Winter und umgekehrt.

Weißt du es noch?

Man unterscheidet fünf Klimazonen: die Tropen, die Subtropen, die gemäßigte Zone, die subpolare Zone und die Polargebiete oder polare Zone.

Durch diese Schräglage bekommen wir im Sommer viel mehr Sonne ab als im Winter. Im Sommer steht die Sonne hoch am Himmel und es ist schön warm. Im Winter treffen ihre Strahlen dagegen in einem flachen Winkel auf die Erde und wärmen daher viel weniger.

Im Herbst fallen die Blätter von den Bäumen.

Jahreszeiten oder nicht?

Ob es in einem Land überhaupt Jahreszeiten gibt, hängt auch von der Klimazone ab. In der gemäßigten Zone, in Europa etwa, sind die Jahreszeiten stark ausgeprägt. Am Äquator gibt es dagegen eher Tages- als Jahreszeiten. In den Tropen und Subtropen gibt es die Unterscheidung in Regen- oder Trockenzeit.

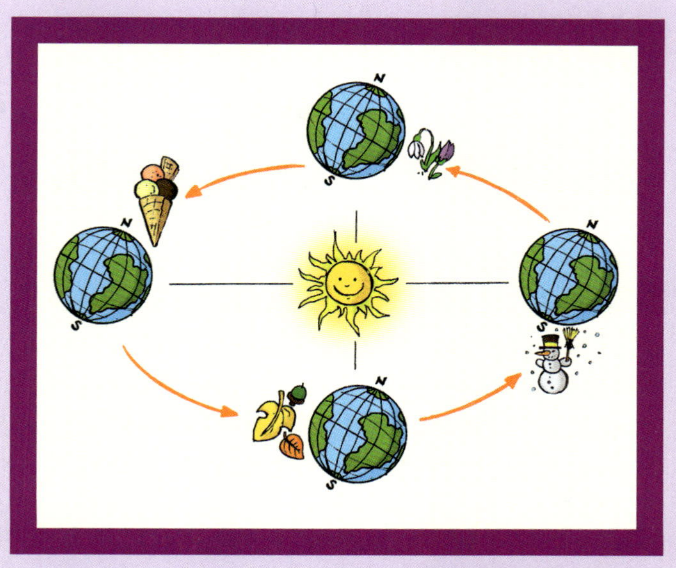

Durch den unterschiedlichen Einfall der Sonnenstrahlung entstehen die Jahreszeiten.

Ein kleiner Selbstversuch

Wie die Jahreszeiten durch die Erdneigung entstehen, kannst du ganz leicht selbst testen. Nimm eine Orange und stecke von oben nach unten (von „Pol“ zu „Pol“) einen Holzspieß hindurch. Male horizontal die Äquatorlinie auf. Die Sonne ist eine eingeschaltete Taschenlampe. Halte die Erde an den Holzenden fest und neige sie mit dem oberen Teil zur Sonne. Welcher Teil wird beschienen, wenn du deine Erde im Kreis um die Sonne herumwandern lässt?

Im Winter liegt häufig Schnee und du siehst nur noch wenige Tiere, viele machen nämlich einen Winterschlaf.

Wer weckt die Tiere aus dem Winterschlaf?

Wenn der Schnee schmilzt, sich die Luft erwärmt und die Tage wieder länger werden, ist es für die Tiere, die Winterschlaf halten, langsam Zeit, aufzustehen. Aber wer weckt die kleinen Schlafmützen?

Winterruhe

Neben den Winterschläfern gibt es Tiere wie das Eichhörnchen, die nur ruhen. Sie werden mehrmals im Winter wach und fressen etwas. Eidechsen oder Frösche etwa fallen in Winterstarre. Ihre Körpertemperatur sinkt, sie stellen alle Lebensfunktionen fast ganz ein und verbrauchen dadurch sehr wenig Energie.

Die Winterschläfer

Igel, Haselmaus und Fledermaus gehören zum Beispiel zu den Winterschläfern. Die meiste Zeit des Winters verbringen sie im Tiefschlaf. Für die Tiere ist das ganz schön praktisch. Sie brauchen nicht raus in die Kälte und müssen sich nicht um die beschwerliche Nahrungssuche in Schnee und Eis kümmern. Damit die Tiere nicht verhungern, beginnen sie meistens schon im Spätsommer und im Herbst damit, sich ein Fettpolster anzufressen. Davon zehren sie dann während ihrer Schlafphase.

Süße Träume

Tiere im Winterschlaf schlafen in der Regel durch. Manchmal wechseln sie ihre Schlafposition und ab und zu entleeren sie ihren Darm und die Blase. Nahrung nehmen sie nicht zu sich. Winterschläfer darf man nicht stören. Werden sie zu häufig geweckt, verbrauchen sie ihre Fettpolster zu schnell und sie haben dann keine Reserven mehr für den Rest des Winters.

Zeit zum Aufstehen

Wenn du zur Schule musst, weckt dich morgens ein Wecker. Wahrscheinlich bist du aber auch schon mal ganz von alleine aufgewacht, bevor der Alarm losging. So ähnlich ist es bei den Tieren auch. Wie die Menschen verfügen sie über eine innere Uhr, die ihnen sagt, wann es Zeit ist, einzuschlafen und wieder aufzuwachen. Wie diese innere Uhr ganz genau funktioniert, haben die Forscher allerdings noch nicht herausgefunden.

Sie wissen aber, dass es auch noch andere Bedingungen gibt, die erfüllt sein müssen, damit die Tiere aufwachen. So verändern sich zum Beispiel die chemischen Abläufe im Körper. Die Körpertemperatur steigt und es werden Hormone ausgeschüttet. Das sind chemische Botenstoffe, die den Körperzellen unter anderem das Signal geben, dass es langsam Zeit wird, aufzustehen. Stimmen dann auch noch Außentemperatur und Tagesdauer, steht einem Frühlingserwachen nichts mehr im Weg.

Schon gewusst?

Für ihren Winterschlaf suchen sich die Tiere meist Baum- oder Erdhöhlen, die sie gut auspolstern.

Woher wissen die Zugvögel, dass sie zurückkommen können?

Im Herbst kannst du große Vogelschwärme beobachten, die sich auf den Weg nach Süden machen. Wenn es bei uns zu kalt für sie wird und sie nicht mehr genügend Nahrung finden, machen sie sich auf die lange Reise und verbringen den Winter in Gebieten, in denen es dann warm ist, zum Beispiel in Afrika. Im Frühling kehren sie zu uns zurück. Aber wer sagt ihnen, wann sie losfliegen müssen?

Zeit zum Aufbruch

Stare, Weißstörche und Kraniche zählen zu den Zugvögeln. Neben ihnen gibt es noch über 60 weitere Arten, die zweimal im Jahr den beschwerlichen und gefährlichen Flug unternehmen. Als hätten sie sich dazu verabredet, ziehen sie dann in riesigen Schwärmen oder keilförmigen Formationen über den Himmel.

Abflug morgen, 17.00 Uhr

Zugvögel besitzen eine Art eingebauten Jahreszeitenkalender. In dem steht, wann es Zeit ist, abzufliegen und wieder zurückzukehren. Forscher nennen das ein „genetisches Programm“. Es ist den Vögeln angeboren und sie können gar nicht anders, als nach diesem Plan zu handeln.

So ist es zu erklären, dass Jungvögel, die nie zuvor die Reise unternommen haben, sich ebenfalls auf den Weg machen, die richtige Route finden und zur festgelegten Zeit am Ziel ankommen. Sind im Zugvogelprogramm 14 Tage Flug vorgesehen, fliegen die Vögel 14 Tage und sind dann exakt am richtigen Ort.

Schon gewusst?

Selbst Käfigvögel, wie die Gartengrasmücke etwa, werden zu einer bestimmten Zeit von der „Zugunruhe“ befallen. Sie fangen dann an, mit den Flügeln zu schlagen.

Dem Vogelflug auf der Spur

Seit Jahrhunderten versuchen Forscher, mehr über die Vogelwanderungen herauszufinden. Heute bekommen Zugvögel einen Ring und werden mit Sendern versehen, um ihre Routen zu studieren.

Benutzen Zugvögel ein Navi?

Tatsächlich benutzen Zugvögel eine Art Navigationsgerät. Nur ist ihres fest in den Körperzellen eingebaut. So kennt jeder Zugvogel, selbst ein Reiseneuling, die richtige Route. Einige fliegen von Europa über das Mittelmeer nach Afrika, andere benutzen die Route über Gibraltar oder über die Türkei und Syrien. Sie ändern ihre Route aber nie.

Wie wacht das Schneeglöckchen auf?

Hallo, Frühling!

Der Garten liegt noch unter einer dünnen Schneedecke. An einigen Stellen schauen aber schon winzige grüne Spitzen heraus. Und wirklich, ein paar Tage später recken die ersten Schneeglöckchen ihre schaukelnden Köpfchen aus dem Schnee. Nun fragst du dich sicher: Woher wissen sie denn, dass es an der Zeit ist, den Frühling einzuläuten?

Feines Gespür

Pflanzen besitzen ein feines Gespür für Temperaturunterschiede und Lichtveränderungen. Sie spüren, ob es draußen wärmer wird, und auch, ob es länger hell ist. Für einige von ihnen ist das dann das Startsignal, um aus der Erde zu kommen. Es gibt aber auch noch andere Auslöser.

Blühender Kirschbaum im Frühling

Auf die Plätze, fertig, los!

Neben der Temperatur und dem Licht sorgen Abläufe im Inneren des Schneeglöckchens dafür, dass es rechtzeitig aufblüht. Viele Pflanzen haben eine innere Uhr, die ihnen sagt, wann es so weit ist. Oder es ist in ihren Genen, also ihren Bausteinen, so und nicht anders vorgegeben. Einige Pflanzen beschließen zum Beispiel zu blühen, wenn sie eine bestimmte Höhe erreicht haben.

Können Bäume rechnen?

Einige schon. Verschiedene Obstbäume rechnen die Anzahl der warmen Tage zusammen. Erst wenn es genügend warme Tage gab, blühen sie auf.

Andere Pflanzen wie Narzissen, Krokusse und Tulpen blühen erst, wenn es im Winter einige Wochen kalt war. In dieser Zeit bereiten sie in ihren Zwiebeln alles zum Blühen vor. Wird es dann im Frühling wieder wärmer, treiben die Blumen aus.

Frühlingserwachen

Warum blühen Pflanzen im Frühling?

In Gebieten mit gemäßigtem Klima, wo es nicht zu kalt und nicht zu heiß ist, ist der Frühling die beste Zeit zum Blühen. Denn dann sind auch schon Insekten unterwegs, die die Pflanze zum Bestäuben braucht. Die Blüte entwickelt sich so früh wie möglich, damit die Pflanze noch den ganzen warmen Sommer über wachsen und ihre Samen ausbilden kann.

Im Frühling blühen die Pflanzen und zum Beispiel Schmetterlinge bestäuben sie.

Schon gewusst?

Und wenn es plötzlich doch noch einmal kalt wird? Dann können die Blumen das Wachstum stoppen. Der Stängel wird nicht weiter aus dem Boden geschoben, die Blüte bleibt im Boden oder öffnet sich noch nicht.

Warum sind Bäume so wichtig dafür, dass ich atmen kann?

Fotosynthese

Das Wort stammt aus dem Griechischen und bedeutet „Erzeugen mit Licht".

Bäume sind schön. Man kann auf sie klettern, ihre Früchte ernten und im Sommer sind sie großartige Schattenspender. Sie können aber noch mehr, denn sie sorgen auch dafür, dass genügend Luft zum Atmen vorhanden ist. Wie machen sie das bloß?

Lebenswichtiger Sauerstoff

Zum Leben brauchst du Sauerstoff. Mit dem Einatmen nimmst du ihn aus der Luft auf. Er geht über ins Blut und versorgt deine Organe und Muskeln. Beim Ausatmen gibst du Kohlendioxid, ein Gas, an die Luft ab. Bei den Bäumen ist es genau andersherum. Sie nehmen Kohlendioxid auf und produzieren den Sauerstoff, den wir zum Leben brauchen.

Die Fotosynthese

Bäume sind wie alle Pflanzen Selbstversorger. Sie können allein von dem leben, was sie selbst herstellen. Ihre Nahrung gewinnen sie mithilfe der Sonne und des Blattgrüns aus dem Kohlendioxid der Luft und aus Wasser. Daraus machen sie Zucker für ihre Ernährung. Nebenbei entsteht auch noch Sauerstoff, den sie an die Luft abgeben. Diesen Prozess nennen die Fachleute „Fotosynthese".

Der Baum als Sauerstoff-Fabrik

Ohne die Bäume gäbe es nicht genügend Sauerstoff zum Atmen. Eine Buche, die 100 Jahre alt ist, gibt pro Stunde ungefähr 1,7 Kilogramm Sauerstoff an die Luft ab. Das reicht, damit 50 Menschen eine Stunde lang atmen können.

Was ist eine „grüne Lunge"?

Oft werden Parks und Wälder als „grüne Lunge" bezeichnet. Damit ist gemeint, dass sie wie eine Art Filter arbeiten und die Luft reinigen. Mit ihren Blättern und Nadeln halten sie Staub und schädliche Stoffe, die in der Luft herumfliegen, zurück. Die Schadstoffe setzen sich auf den Blättern ab und werden vom Regen fortgewaschen.

Prima Klima

Bäume sorgen für ein besseres Klima, indem sie Kohlendioxid zurückhalten. Zu viel von diesem Gas ist nämlich schädlich für die Schutzhülle der Erde.

Wie kommt das Wasser bis in die Baumkrone?

Bäume können mehr als 100 Meter hoch wachsen. Auch das Wasser für die Versorgung der Blätter muss bis in die höchste Stelle der Baumkrone transportiert werden. Wie schaffen die Bäume das ohne Pumpe?

Wie kommt das Wasser nach ganz oben?

Das Wurzelwerk

Je nach Größe des Baumes müssen pro Tag bis zu 100 Liter Wasser bis in die letzte Blattspitze transportiert werden. Das sind zehn volle Eimer, also eine ganze Menge. Das benötigte Wasser gelangt über die Wurzeln in den Stamm. Jeder Baum hat eine Unzahl von sehr dünnen Wurzeln, die du nur sehen könntest, wenn du danach graben würdest. Die Wurzeln saugen das Wasser aus dem Boden einfach auf.

Bäume nehmen das Wasser aus dem Boden über die Wurzeln auf.

Der Wasserfahrstuhl

Der ganze Baum ist mit Leitungen durchzogen, in denen das Wasser befördert wird. Du kannst das mit einem Fahrstuhl vergleichen. Diese Leitungen oder Adern sind sehr fein und reichen bis in den entferntesten Winkel. In ihnen steht das Wasser. Scheint nun die Sonne, verdunstet an der Oberfläche der Blätter Wasser. Sofort strömt neues Wasser nach, sodass die Blattspitzen wieder versorgt sind.

Schon gewusst?

Die Wurzeln saugen das Wasser so ähnlich auf wie Löschpapier oder ein Schwamm: Tauchst du sie in eine Tinten- oder Wasserpfütze, schlürfen sie die Flüssigkeit einfach auf. Die Pfütze ist weg, Löschpapier und Schwamm sind nass.

Probiere es selbst aus!

Stelle eine Blume mit weißen Blütenblättern in ein Glas mit buntem Wasser. Nach ungefähr einem Tag hat sich die Blüte in der Farbe des Wassers verfärbt.

Das kannst du dir so vorstellen wie bei einem Strohhalm. Wenn du daran saugst, fließt Wasser oder Limo nach. Beim Baum ist es ähnlich. Saugt die Sonne an den Blättern, steigt es in den Leitungen des Baumes ebenfalls hoch. Das funktioniert besonders gut, weil in den Baumleitungen keine Luft ist und die Wasserteilchen wie eine Kette aneinanderhängen. Verdunstet das oberste, zieht es die nachfolgenden dabei ein kleines Stückchen weit nach oben.

So kannst du dir die feinen Leitungen und Adern in einem Baum vorstellen. Sie transportieren das Wasser bis in den entferntesten Winkel.

Einmal Anschwung geben, bitte!

Hat der Baum noch keine Blätter, zum Beispiel weil es noch sehr früh im Jahr ist, sorgen die Wurzeln für den richtigen Anschwung im Wassertransport. Wie geht das? Ganz einfach: Die Wurzelspitzen nehmen dazu Wasser auf und drücken es mit viel Kraft in die Leitungsbahnen. So wird der Baum auch versorgt, wenn es noch keine Blätter gibt und so bei der Verdunstung über die Blätter noch kein Wasser aus den Bahnen nachgezogen werden kann.

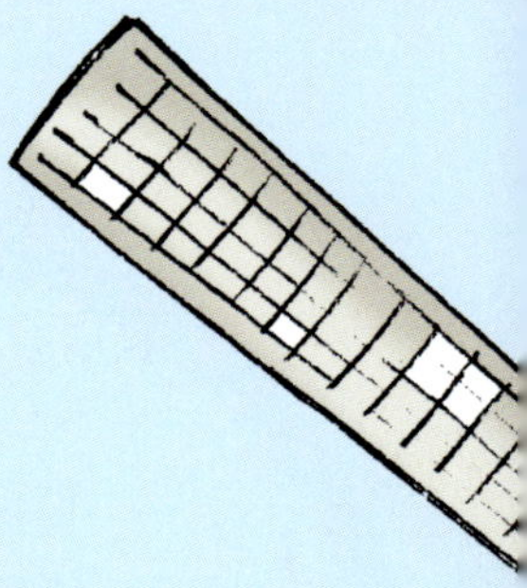

Wie funktioniert ein Telefon?

Mit einem Telefon kannst du über große Entfernungen mit Freunden und Verwandten sprechen. So musst du nicht extra eine lange Reise unternehmen, um deiner Tante am anderen Ende der Welt zum Geburtstag zu gratulieren. Doch wie gelangt deine Stimme durch die Leitung bis nach Amerika?

Ohne Strom geht's nicht

Zum Telefonieren brauchst du Strom. Deshalb sind die meisten Apparate direkt oder über eine Basisstation an die Stromleitung angeschlossen. Wählst du dann die Nummer von deiner Tante, löst jede Taste einen ganz bestimmten Piepston aus. So entsteht aus der Telefonnummer eine Abfolge von Signalen.

Ab durch die Leitung

Die Wähltöne werden an eine Telefonzentrale übertragen, die anhand der Reihenfolge der Signale, also der von dir getippten Tasten, erkennt, für welchen Anschluss das Gespräch bestimmt ist. Sie leitet die Signale entweder über unterirdische Kabel oder über eine Satelliten-Verbindung zu einer Empfangsstation weiter. Von dort werden sie zur Telefonzentrale am Wohnort deiner Tante übermittelt. Anhand der Signalfolge erkennt die Zentrale, für welchen Anschluss der Anruf bestimmt ist, und stellt dich dahin durch.

Telefon

Der Name stammt aus dem Altgriechischen: „Tele" bedeutet „fern", „phone" ist das Wort für „Laut", „Ton" oder „Sprache". „Telephone" heißt demnach „Fernsprechen".

„Ring-ring“

Kurz nachdem du gewählt hast, läutet es auch schon bei deiner Tante in Amerika. Ob sie wohl zu Hause ist? Tatsächlich, sie meldet sich. Du hast Glück gehabt und musst nicht später noch einmal anrufen.

Schon gewusst?

Das erste Telefon ist 1876 von dem Schotten Alexander Graham Bell (1847–1922) erfunden worden.

Damit ihr miteinander reden könnt, sind im Telefon ein Mikrofon und ein Lautsprecher eingebaut. Die Schallwellen der Stimme deiner Tante werden im Mikrofon in elektrische Signale umgewandelt und über die Telefonleitung verschickt. Geht die Verbindung über einen Satelliten, werden die Gesprächssignale zusätzlich in Mikrowellen umgewandelt. Kommen die Signale in deinem Apparat an, wandelt sie der Lautsprecher dort wieder in Schallwellen um und du kannst sie hören.

Das alles geschieht in Bruchteilen von Sekunden und du kannst sofort antworten. „Hallo, ich bin es, Jakob. Ich wollte dir zum Geburtstag gratulieren.“

Hat das Internet einen Briefträger?

Wenn du dich an deinen Computer setzt, kannst du nicht nur in Sekundenschnelle Nachrichten an deine Freunde versenden, sondern auch gleich noch nachsehen, wie das Wetter gerade in Australien ist. Du kannst im Internet wie in einem Riesen-Lexikon lesen oder Spiele spielen. Wie geht das?

In die weite Welt hinaus ...

... geht es im Internet nur mit einem Browser. Das englische Wort „to browse" bedeutet so viel wie „stöbern". Der Browser ist ein Computerprogramm, mit dem du dich im Internet bewegen und Seiten ansehen kannst.

Alles verbunden

Das Internet ist wie ein riesiges Netz, bei dem alle Computer miteinander verbunden sind. Stell dir einfach vor, die ganze Schule versammelt sich auf dem Schulhof und jeder hat ein Knäuel Wolle dabei. Willst du mit jemandem reden, wirfst du ihm das Knäuel zu und behältst das Ende in der Hand. Wenn alle das machen, entsteht ein wildes Geflecht von Fäden, die sich kreuzen. So ähnlich ist es, wenn du über das Internet eine Nachricht an einen Freund verschicken willst, zum Beispiel weil du eine Frage wegen eurer Hausaufgaben hast.

Du schreibst deine Frage in eine E-Mail und sagst deinem Computer, für wen sie ist. Dazu benötigst du eine Adresse, wie bei einem Brief auf Papier auch. Dann schickst du deine Nachricht ab.

Datenstau

Wie auf richtigen Autobahnen kann es auch im Internet einen Stau geben. Dann werden die Daten über eine andere, meist etwas längere Strecke geleitet.

Letzter Stopp

Kurz vor dem Ziel stoppen deine Daten noch einmal an einem Verteilzentrum, von wo aus sie zum Provider deines Freundes geleitet werden. Der Provider sieht sich die Adresse an und weiß dann, für wen die Nachricht bestimmt ist. Ähnlich wie ein Postbote stellt er den Brief zu. Nur dass die Nachricht im Postfach des Computers landet und nicht im Briefkasten an der Haustür.

Auf der Datenautobahn

Die Nachricht landet bei deinem Provider. Das ist ein Dienst, der dich mit dem Internet verbindet, oder anders gesagt, er ist dein Tor ins Internet. Der Provider leitet deine Mitteilung an ein Rechenzentrum weiter, das wiederum mit anderen Rechenzentren verbunden ist. Hier wird geschaut, welcher Weg der kürzeste und schnellste bis zum Empfänger deiner Nachricht ist. Wie auf einer Autobahn sausen deine Daten in Bruchteilen von Sekunden durch die Telefonleitungen oder über Satellitenverbindungen.

Post ist da!

Jetzt braucht sich dein Freund nur noch an den Computer setzen, die Mailbox, das ist sein Postfach, öffnen und schon kann er deinen Brief lesen. Was er wohl antworten wird? Wenig später ist seine Antwort da und ihr verabredet euch zum Hausaufgabenmachen. So könnt ihr zusammen herausfinden, wie warm es heute in Sydney ist. Das ist nämlich die Aufgabe, die euch der Lehrer gestellt hat.

Wann schläft das Internet?

Wenn ihr an eurer Aufgabe sitzt, ist es in Australien mitten in der Nacht. Das macht aber nichts, denn das Internet schläft nie. Mit dem Internet hast du Zugang zum „world wide web“, einem „weltweiten Netzdienst“, in dem du viele Informationen finden kannst. Alle Informationen sind auf Computern, den sogenannten Servern, gespeichert. Sie stehen überall auf der Welt und arbeiten rund um die Uhr.

Manchmal werden die Server kurz für Wartungsarbeiten abgeschaltet. Nur dann sind dort keine Informationen zu bekommen. Das macht aber nichts. Denn es gibt mit Sicherheit eine Reihe anderer Seiten auf anderen Servern, auf denen ebenfalls steht, was ihr wissen wollt.

Wer schreibt das Internet?

Jeder, der will. Das können Firmen, Privatpersonen oder öffentliche Einrichtungen wie das Schwimmbad um die Ecke sein.

Auf Informationssuche

Damit die Suche nach Informationen funktionieren kann, hat jede Webseite eine eigene Adresse, die es nur einmal auf der ganzen Welt gibt. Die Suche selbst funktioniert dann wie beim Verschicken einer E-Mail. Über deinen Provider wird die Anfrage an den Suchmaschinenanbieter weitergeleitet. Er schickt die Antwort zurück an deinen Provider, der sie wiederum an dich weiterleitet.

Wählst du eine Seite direkt an, weil du ihre Adresse, also ihren Namen, kennst, sind die Stationen Folgende: von dir zum Provider, zum Server, auf dem die gesuchten Informationen liegen, zurück zum Provider und dann zu dir. Und schon hast du die Antwort: Sydney, wolkig, 19 Grad Celsius. Das ging ja fix!

Suchmaschinen

Die Suchmaschine hilft dir, Informationen im Internet zu finden. Dazu gibst du einen Suchbegriff in die Adresszeile deines Browsers ein, zum Beispiel: „Wetter, Sydney". Im Handumdrehen erhältst du eine Liste mit Webseiten, die infrage kommen. Mit einem Klick auf eines der Ergebnisse wirst du direkt zu der gewünschten Seite geleitet.

Wieso kann ich mit dem Handy telefonieren?

Das Telefonieren mit dem Handy ist heute ganz normal. Fast jeder hat ein Mobiltelefon und kann jederzeit und von fast jedem Ort aus Freunde oder Eltern anrufen. Ganz schön praktisch. Aber wie erreicht dich der Anruf deines Kumpels eigentlich? Er weiß doch gar nicht, wo du bist.

Im Funkloch

In manchen Gegenden kannst du mit deinem Handy nicht telefonieren. Du hast keinen Empfang. Das bedeutet, dass die Funkwellen deines Handys keine Basisstation erreichen. Das kann passieren, wenn der nächste Sendemast zu weit weg ist oder die Funkwellen auf ein Hindernis treffen, zum Beispiel in den Bergen oder in einem Tunnel.

Unsichtbare Wellen

Anders als beim Festnetztelefon funktioniert die Übertragung der Telefondaten nicht nur über Kabel. Gesendet wird mithilfe von Funkwellen. Die unsichtbaren Wellen funktionieren ähnlich wie Wellen im Wasser. Sie breiten sich von ihrem Ausgangspunkt, in diesem Fall deinem Handy, in alle Richtungen aus.

Das Mobilfunknetz

Um die Funkwellen von deinem Handy zu empfangen, ist ein Mobilfunknetz nötig. Das kannst du dir vorstellen wie ein feinmaschiges Gitter, das über ganz Deutschland ausgebreitet ist. Jedes Kästchen in dem Gitter bildet eine Funkzelle. In ihr steht ein Sendemast, die Basisstation. Sie sendet und empfängt Funkwellen von allen Handys, die sich im Bereich dieser Funkzelle befinden. Alle eingehenden Daten wie Gespräche oder SMS werden vom Sendemast an einen zentralen Computer weitergeleitet. Das geschieht in der Regel über ganz normale Telefonleitungen.

Mobilfunkmast

Handy an Basis – bitte kommen!

Wenn dein Handy eingeschaltet ist, meldet es sich in regelmäßigen Abständen bei der Basisstation der Funkzelle, in der du dich gerade aufhältst. Bewegst du dich und wechselst dabei in eine andere Funkzelle, meldet sich dein Mobiltelefon automatisch an der neuen Station an. Die Daten werden an den zentralen Computer gemeldet und er weiß dann, wo sich dein Handy gerade befindet.

Der Zentralcomputer arbeitet ähnlich wie eine Verteilstation. Er leitet dein Gespräch weiter an die Basisstation der Funkzelle, in der sich dein Freund gerade aufhält. Von dort geht es per Funk weiter bis zum Handy deines Freundes, das nun klingelt.

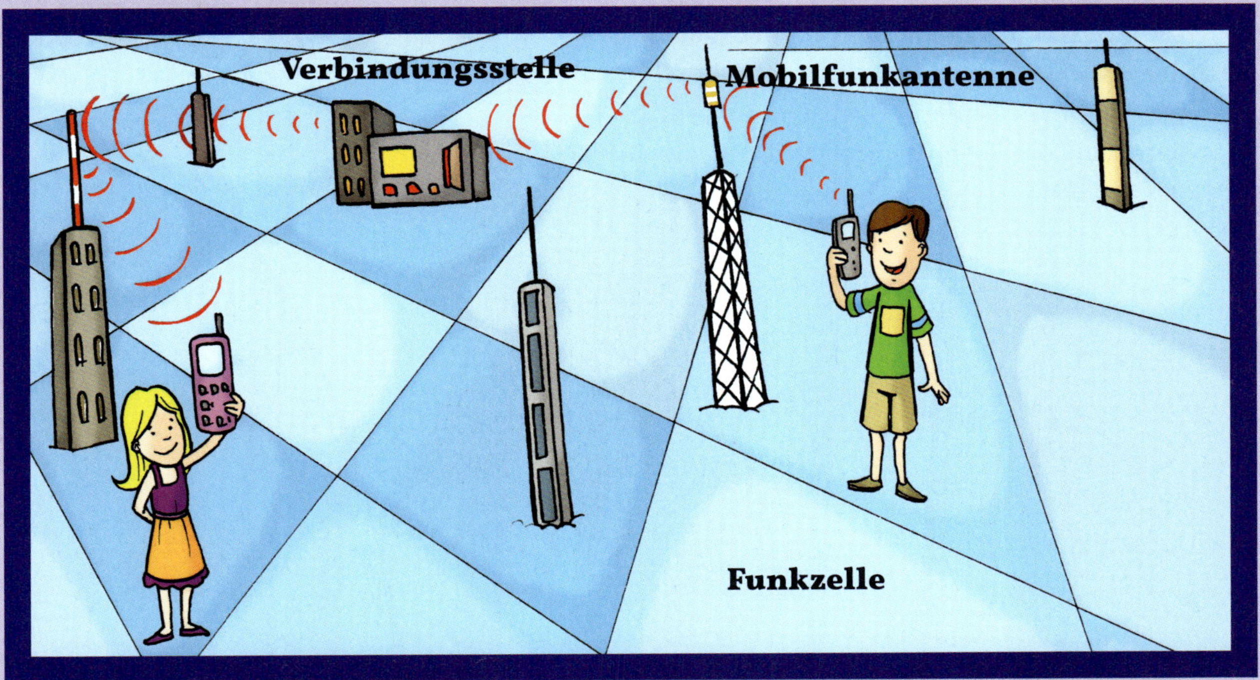

So funktioniert das Telefonieren mit dem Handy im Mobilfunknetz.

Wieso bekommen meine Eltern mit einer Plastikkarte Geld aus dem Automaten?

Bestimmt hast du deine Eltern schon einmal begleitet, als sie am Geldautomaten Geld abgehoben haben. Karte rein, Geld raus, so einfach ist das, oder etwa nicht?

Das Konto

Damit deine Eltern am Automaten Geld abheben können, brauchen sie ein Bankkonto, eine Kontokarte und eine Geheimnummer. Dann können sie an jedem beliebigen Geldautomaten Bargeld holen.

Die Karte

Die Karte ist mit einem Magnetstreifen und einem Chip ausgestattet. Das ist ein Speicher, auf dem sich Informationen zu der Karte und zum Kunden befinden. Die Kontonummer ist darauf genauso gespeichert wie der Name des Besitzers und der Bank, zu der das Konto gehört.

PIN

Das ist ein anderer Name für die Geheimzahl. PIN ist die Abkürzung für „**P**ersönliche **I**dentifikations**n**ummer“.

Die Geheimnummer

Die Geheimnummer besteht aus vier Zahlen. Diese Geheimzahl darf man niemandem verraten und man sollte sie sich auch nicht aufschreiben, sondern auswendig lernen. Denn ist sie einer anderen Person bekannt, kann diese damit Geld abheben, auch wenn ihr das Konto gar nicht gehört.

Wie kommt das Geld aus dem Automaten?

Möchte dein Vater Geld abheben, schiebt er die Karte in den Schlitz am Bankautomaten. Das Gerät liest die Daten von der Karte und kennt nun die Kontonummer, den Namen deines Vaters und seine Bank. Der Automat stellt eine Verbindung zu einem Kontrollzentrum her und überprüft dort, ob die Karte gültig ist. Ist das der Fall, fordert der Automat deinen Vater auf, seine Geheimzahl einzugeben.

PIN eingeben

Jetzt muss dein Vater seine PIN eingeben. Dabei sollte niemand anderer die Nummer sehen können. Die Zahlenfolge wird verschlüsselt an das Kontrollzentrum geschickt. Stimmen die eingegebene und die tatsächliche Geheimzahl überein, fragt der Automat nach den Wünschen deines Vaters: Geld abheben oder Konto abfragen?

Geld abheben

Dein Vater wählt „Abheben“. Dazu berührt er entweder den Monitor oder er drückt wieder eine Taste. Schon kommt die nächste Frage: „Wie viel?“ Wieder muss dein Vater eine Auswahl treffen: Er möchte 50 Euro abheben.

Jetzt fragt der Geldautomat bei der Bank von deinem Vater nach, ob genügend Geld auf dem Konto ist und ob so viel abgehoben werden darf. Ist das der Fall, bekommt der Automat Bescheid und gibt das Geld durch einen Schlitz heraus.

Sehr praktisch!

Das Portemonnaie ist leer und kein Geldautomat in Sicht? Kein Problem! In den meisten Geschäften kann man auch bargeldlos, also mit einer Karte bezahlen.

Sitzt da einer drin?

Das wäre dann doch etwas unbequem. Stattdessen befinden sich in dem Geldautomaten mehrere Boxen aus Metall. Sie sind etwa so groß wie ein Schuhkarton. Für jede Banknote gibt es eine eigene Kiste. 5-, 10-, 20- und 50-Euro-Scheine werden in den meisten Automaten ausgegeben, 100-, 200- und 500-Euro-Scheine eher selten.

Schwuppdiwupp, schon kommt das Geld heraus.

Die Summe, die dein Vater abheben möchte, wird automatisch aus diesen Kassetten entnommen. Über Transportbänder auf der Rückseite der Boxen gelangen sie nach oben in den Ausgabeschacht. Der öffnet sich aber erst, wenn dein Vater seine Karte entnommen hat. Dann geht die Klappe auf und das Geld kommt heraus.

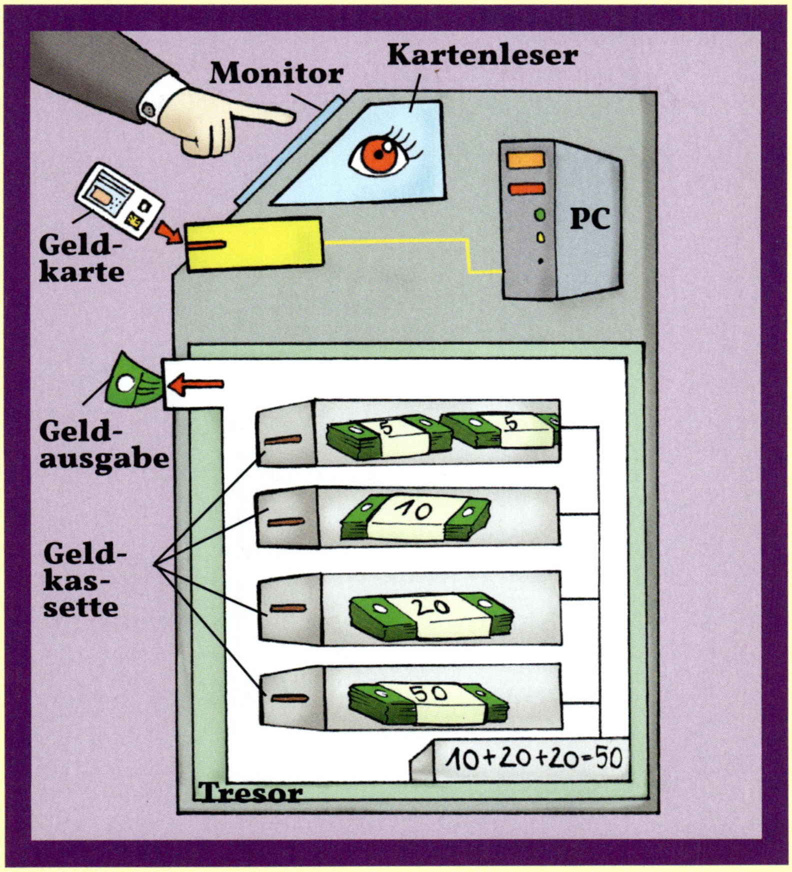

So ist ein Geldautomat aufgebaut.

In Mathe eine Eins

Der Automat prüft und zählt jeden Schein, den er ausgibt. So wird verhindert, dass zu viel oder zu wenig Geld in der Ausgabe landet.

Bei der Gelegenheit wird auch gleich nachgesehen, ob in der Sammelbox Geld liegt. In diese Kiste kommen alle Scheine, die aussortiert wurden. Das passiert zum Beispiel, wenn zwei Scheine aneinander kleben bleiben oder wenn ein Kunde das Geld nicht aus der Ausgabe nimmt. Wie viel Geld insgesamt in den Automaten kommt, bleibt das Geheimnis der Bank. Du jedenfalls weißt, dass es nun 50 Euro weniger sind.

Wie kommt das Geld in den Automaten?

In regelmäßigen Abständen müssen die Geldkassetten wieder aufgefüllt werden. Dann fährt ein Geldtransporter vor und bringt Nachschub. Der Automat wird geöffnet und die Geldkisten können einzeln herausgenommen und wieder aufgefüllt werden.

Wie viel Geld in einem Automaten ist, weiß nur die Bank.

Doppelt gesichert

In einem Geldautomaten ist ganz schön viel Geld. Deshalb sind die Kassetten nicht nur durch einen Tresor, sondern auch noch durch eine Farbsicherung geschützt. Versucht jemand, den Tresor aufzubrechen, löst sie aus und die Scheine sind durch die Farbe gekennzeichnet. Bezahlen kann man mit ihnen dann nicht mehr.

Wie kommt das Bild in den Fernseher?

Möchtest du einen Film im Fernsehen sehen, schaltest du das Gerät an, wählst den richtigen Kanal aus und schon kannst du deinen Tierfilm sehen. Ganz einfach. Aber was passiert eigentlich, damit du sehen kannst, wie sich der Löwe anschleicht?

Viele Einzelbilder

Ein Film besteht aus einzelnen Bildern. Wenn sie schnell hintereinander abgespielt werden, entsteht der Eindruck, als würden sie sich bewegen. Um ein gutes Fernsehbild zu machen, sind 50 Einzelbilder pro Sekunde nötig. Auch der Tierfilmer in Afrika nimmt mit seiner Kamera pro Sekunde 50 Bilder auf.

Vom Punkt zum Bild

Jedes einzelne Kamerabild wird in Punkte zerlegt. Dafür ist es mit Linien unterteilt, so ähnlich wie in deinem Schulheft. 625 Zeilen gibt es pro Bild und in jeder Zeile sind viele Bildpunkte.

Der Löwenfilm wird zum Fernsehsender geschickt oder per Computer übertragen. Nun soll er ausgestrahlt, das heißt gesendet werden. Dazu wird er in elektromagnetische Wellen umgewandelt, die übertragen werden.

Je mehr, desto besser

Zwölf Bilder pro Sekunde werden vom menschlichen Auge bereits als Bewegung wahrgenommen. Allerdings sind die Bewegungen dann noch sehr ruckartig. 25 Bilder sind schon sehr flüssig, flimmern aber noch stark. Je mehr Bilder pro Sekunde gemacht werden, desto besser ist die spätere Bildqualität.

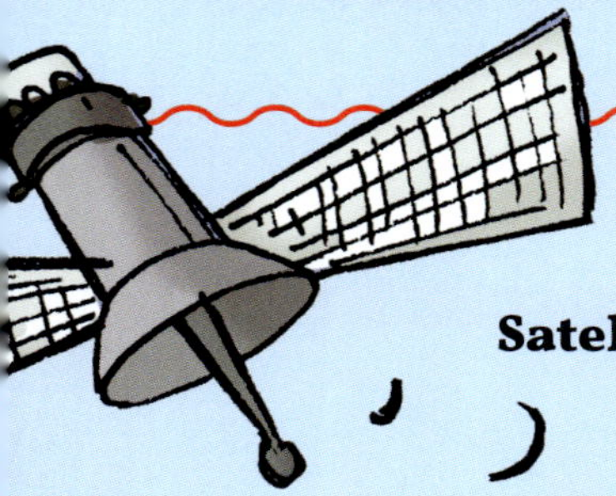

Wie kommt der Löwe ins Wohnzimmer?

Über weite Entfernungen geht das am besten über einen Fernsehsatelliten. Er kreist hoch oben um die Erde und empfängt dort die Wellen von dem Tierfilm. Der Satellit verstärkt sie, damit sie auf dem langen Weg, den sie zurücklegen müssen, nicht zu schwach werden. Anschließend schickt er sie zurück auf die Erde, wo sie von der Satellitenschüssel auf deinem Haus empfangen werden. Eine Übertragung ist auch über Kabel und Antenne möglich.

Bei dir zu Hause angekommen, werden die elektromagnetischen Signale zum Fernseher geleitet und dort zurückverwandelt. Das Bild wird Punkt für Punkt und Zeile für Zeile wieder auf dem Fernsehschirm aufgebaut. Das geht so schnell, dass dein Auge das Bild dabei nur als Ganzes wahrnimmt. Ob das Zebra den Löwen wohl rechtzeitig bemerkt?

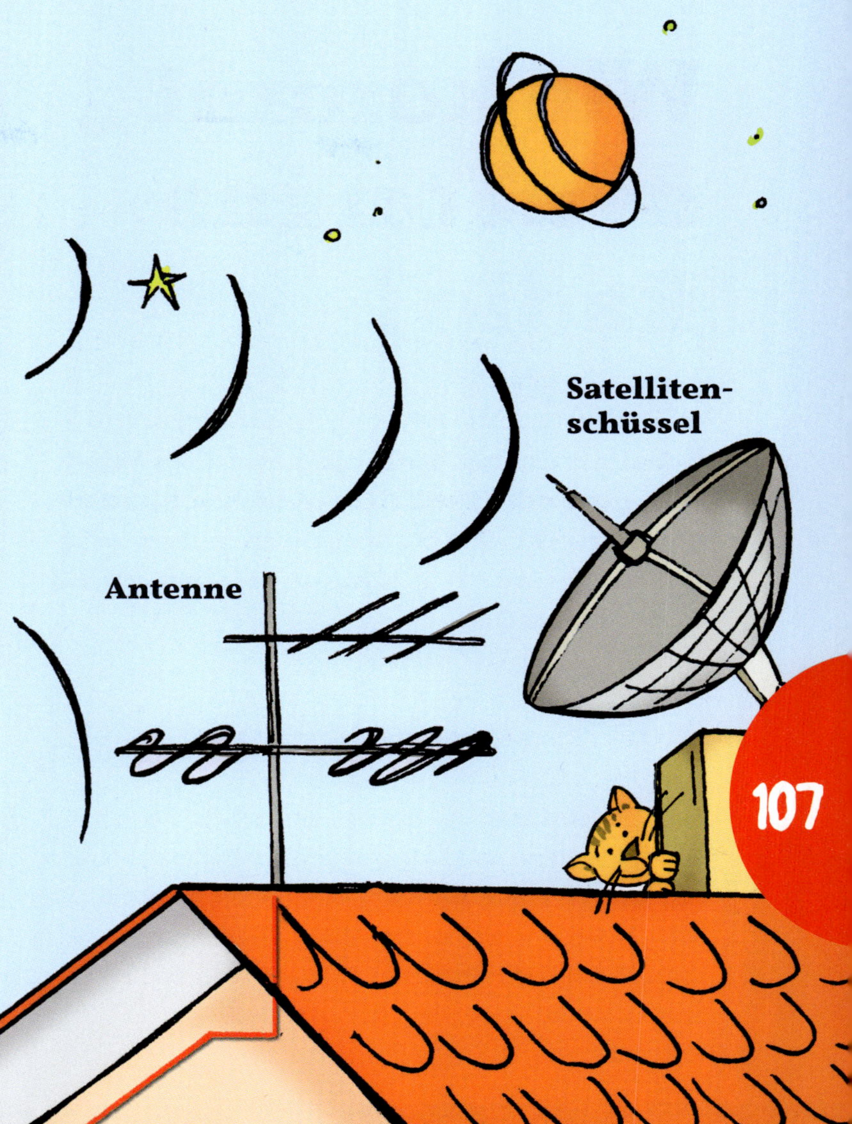

Wie kommt der Ton ins Radio?

Schaltest du das Radio an, kannst du Musik, Hörspiele oder Nachrichten hören. Rund um die Uhr gibt es Sendungen zu jedem möglichen Thema. Wie kommt es, dass du sie hören kannst?

Ohne Schwingung kein Ton

Alles, was schwingt, erzeugt einen Ton. Die Saiten eines Klaviers oder deine Stimmbänder genauso wie das Fell einer Trommel, auf die du schlägst. Die Schwingungen breiten sich durch die Luft, das Wasser und selbst durch Gestein in Form von Wellen aus. Stoßen sie auf unser Ohr, hören wir sie.

Achtung, Aufnahme!

Jede Sendung für das Radio beginnt mit einer Aufnahme. Eine Band macht Musik oder ein Moderator spricht die Nachrichten. Dabei entstehen Schwingungen, sogenannte Schallwellen, die mit einem Mikrofon aufgefangen werden. Das Mikrofon wandelt die Schallwellen in elektrische Signale um.

In dem Radiosender werden dann die elektrischen Signale aus dem Mikrofon verstärkt und bearbeitet. Störende Nebengeräusche werden herausgefiltert oder die Aufnahme wird noch mit anderen Tonaufnahmen gemischt. Ist der Beitrag komplett, wird er auf eine sogenannte Trägerwelle gepackt. Sie sorgt dafür, dass die Sendung gut beim Empfänger, also dir, ankommt. Das ist so ähnlich wie ein Taxi, in dem die Sendungen befördert werden.

Wellenlänge

Die Wellenlänge gibt den Abstand zwischen zwei Schwingungen an.

Radiomoderatorin bei der Arbeit

Ab ins Ohr

Die Signale werden vom Radiosender über Sendemasten weitergeleitet. Das kann über Antennen oder auch über Satelliten im All geschehen. Auch dein Radio hat eine Antenne. Sie empfängt die Signale vom Radiosender. Das Taxi ist sozusagen angekommen. Die Sendung wird ausgepackt und zurück in elektrische Impulse gewandelt. Der Lautsprecher an deinem Radiogerät gibt diese Impulse als Schallwellen wieder, sodass du sie nun hören kannst.

Hier kannst du sehen, ob du die Frequenz richtig eingestellt hast.

Frequenz

Um einen Radiosender zu empfangen, musst du die genaue Frequenz kennen, mit der gesendet wird. Dann kannst du dein Radio zu Hause darauf einstellen. Ist die Frequenz nicht richtig eingestellt, hörst du nur Rauschen.

Die Radiosendung kann auf verschiedenen Wegen in dein Radio kommen.

Kein Wellensalat

Nun gibt es aber nicht nur einen Radiosender, sondern ganz viele. Wie kommt es, dass sich die ganzen Signale nicht vermischen und nur noch ein Klangbrei aus dem Radio kommt? Das liegt an den unterschiedlichen Frequenzen und Wellenlängen, auf denen sie senden. Das kannst du dir so ähnlich vorstellen wie in einem Schwimmbad. Wenn jeder Schwimmer eine eigene Bahn hat, kommen sie sich nicht in die Quere.

Wie macht die Digitalkamera ein Bild?

Im Urlaub haben deine Eltern und du sicher schon einmal Fotos mit einer Digitalkamera gemacht. Fotos sind nämlich nicht nur eine schöne Erinnerung, du kannst sie auch herumzeigen, damit Oma und Opa sehen, wo ihr gewohnt habt. Aber wie sind die Bilder in den Apparat gekommen?

Lichtempfindlich

Ein Fotoapparat funktioniert nach einem einfachen Prinzip. Durch ein Loch fällt Licht in das Gehäuse auf eine lichtempfindliche Fläche. Das einfallende Licht beschreibt diese Fläche, so ähnlich wie du mit einem Stift auf Papier zeichnest. In Kameras, die mit einem Film arbeiten, wird der Film beschrieben. In Digitalkameras gibt es dafür einen Chip, auch Sensor genannt.

Nah heran oder weit weg

Mit der Zoom-Funktion der Kamera kannst du die Größe der Objekte auf deinem Bild verändern, ohne dass du dich selbst bewegen musst.

Bitte recht freundlich

Für ein Foto brauchst du zuerst ein Motiv, also etwas, von dem du ein Bild machen möchtest. Zum Beispiel die freche Ziege auf dem Rastplatz. Hast du sie vollständig im Sucher der Kamera, drückst du den Auslöser. Dadurch öffnet sich die Klappe vor dem Sensor und das Licht fällt in die Kamera.

Vom Pixel zum Bild

Dein Bild von der Ziege fällt auf den lichtempfindlichen Chip. Er ist in viele kleine Zellen unterteilt. Diese Bildpunkte nennt man Pixel. Ein winziger Computer in der Kamera berechnet dann für jedes dieser Kästchen die Helligkeit und die Farbe. So bekommt das helle Fell der Ziege einen anderen Wert als das dunkle Horn oder das blaue Auto im Hintergrund deines Bildes.

Die Bildinformationen für jedes Pixel des Fotos werden in einer Datei gespeichert. Diese Datei wird zum Schluss auf einer Speicherkarte abgelegt. Je nachdem, wie groß die Speicherkarte in deiner Kamera ist, passen mehr oder weniger Fotos darauf.

Ist das Foto gut geworden?

Auf dem Display, dem kleinen Bildschirm deiner Kamera, kannst du dir alle Fotos sofort ansehen. Bilder, die nichts geworden sind, lassen sich direkt in der Kamera löschen. So verbrauchen sie keinen Speicherplatz.

Fotos, die dir gut gefallen, kannst du später auf einen Computer oder Fernseher übertragen, aber natürlich auch auf Papier ausdrucken. Wie das der frechen Ziege, die kurz nach deiner Aufnahme den Hut von Papa gefressen hat.

Woher weiß die Maus, wo ich auf dem Bildschirm bin?

Wenn du am Computer ein Spiel spielst oder lernst, benutzt du wahrscheinlich eine Computer-Maus, um den Zeiger über den Bildschirm zu bewegen. Doch woher weiß der Zeiger so genau, wie weit du die Maus auf dem Tisch verschoben hast?

Winziges Auge

Moderne Computer-Mäuse arbeiten optisch, das heißt, sie können „sehen". Ihr Auge ist eine winzige Digitalkamera, die bei jeder Bewegung über den Untergrund Fotos macht. Damit es dafür hell genug ist, beleuchtet eine kleine Lampe, eine sogenannte Leuchtdiode, den Boden.

Probiere es aus!

Bewegst du die Maus über den Tisch nach links, wandert auch dein Mauszeiger nach links. Hebst du die Maus dagegen in die Höhe und machst die gleiche Bewegung noch einmal, passiert auf dem Bildschirm gar nichts. Die Maus arbeitet nur bei direktem Kontakt zum Untergrund.

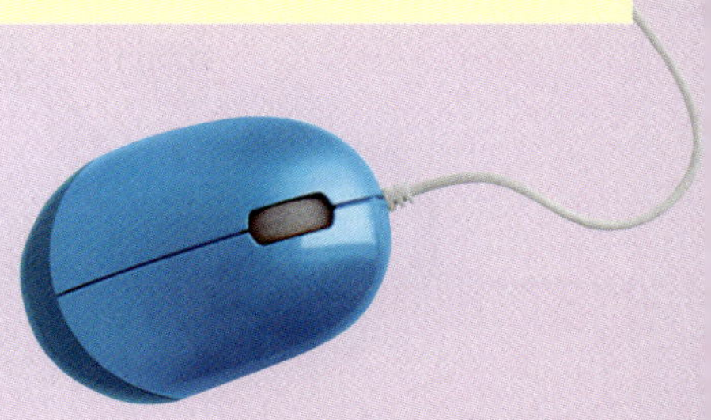

Vom Bild zur Bewegung

Die Kamera in der Maus macht ganz viele Bilder. Sie bestehen nur aus groben Punkten und sind längst nicht so gut wie die, die du mit deiner Foto-Kamera machen kannst. Für die Berechnung der Entfernung und der Richtung reichen sie aber völlig aus. Ein winziger Computer in der Maus wertet die aufeinanderfolgenden Fotos aus.

In welche Richtung muss die Maus?

Die Fotos werden übereinandergelegt, bis die Bilder auf ihnen übereinstimmen. Anhand der Verschiebung, die dafür notwendig ist, kann der Computer erkennen, welche Strecke die Maus zurückgelegt hat.

Das kannst du dir so ähnlich vorstellen wie beim Abpausen von Bildern. Verschiebst du die Vorlage oder dein abgepaustes Bild, legst du dabei auch eine bestimmte Strecke in einer bestimmten Richtung zurück, zum Beispiel zwei Zentimeter nach oben. Diese Strecke kannst du mit einem Lineal genau ausmessen.

Wo bin ich?

Die Maus weiß gar nicht, wo du bist, also wo ihr Mauspfeil auf dem Bildschirm ist. Sie meldet einfach die Bewegungen, die sie erkennt, an den Computer. Und der zeigt sie dir dann als Bewegungen des Pfeils auf dem Bildschirm.

Zu glatt für Mäuse

Optische Mäuse funktionieren nur, wenn die Oberfläche nicht zu glatt ist. Auf Glas oder hochglänzender Folie erkennen sie keine Bildunterschiede mehr. Der Mauszeiger bewegt sich dann nicht.

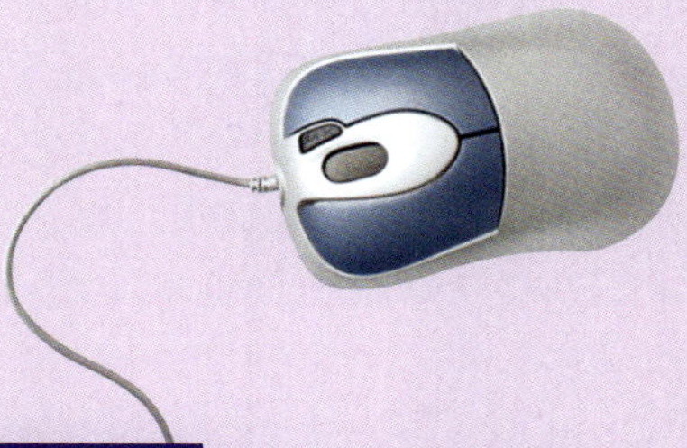

Genau ausgerechnet

Genau dasselbe macht der Computer in der Maus. Er berechnet die Bewegung, misst sie also aus, und überträgt das Ergebnis per Kabel oder per Funk an den angeschlossenen Computer. Und hier bewegt sich dann der Mauszeiger auch um zwei Zentimeter nach oben. Das alles geht so schnell, dass sich der Mauszeiger fast gleichzeitig mit der Maus bewegt.

Woher weiß ein Thermometer, wie kalt es ist?

Mit einem Thermometer kannst du messen, wie warm oder kalt etwas ist: das Wasser in der Badewanne, deine Körpertemperatur, um festzustellen, ob du Fieber hast, oder die Lufttemperatur draußen, damit du weißt, ob du eine Mütze aufsetzen musst, wenn du zur Schule gehst. Doch wie erkennt das Thermometer, ob es steigen oder fallen muss?

Mit Flüssigkeit gefüllt

Ein klassisches Thermometer besteht aus einem Glasröhrchen mit einer Flüssigkeit darin, einer Messspitze und einer Skala, das ist die Stricheinteilung, an der du die Gradzahl ablesen kannst. Das Glasröhrchen ist luftdicht verschlossen. Früher benutzte man als Flüssigkeit Quecksilber, heute ist gefärbter Alkohol darin.

Je nach Art des Thermometers reicht die Skala vom Minus- bis in den Plusbereich. Außenthermometer sollen auch Werte unter dem Gefrierpunkt anzeigen, ein Fieberthermometer braucht dagegen nur einen relativ kleinen Messbereich.

Das Mess-Prinzip

Klassische Thermometer funktionieren, weil sich die Flüssigkeit im Röhrchen bei Wärme ausdehnt und bei Kälte zusammenzieht. Steigt zum Beispiel die Außentemperatur an, klettert die Flüssigkeit im Röhrchen nach oben, weil das die einzige Richtung ist, in die sie sich ausdehnen kann.

An der daneben befestigten Skala kannst du dann sehen, dass es schon am frühen Morgen 25 Grad Celsius warm ist. Puh, das wird bestimmt ein ganz schön heißer Sommertag! Gegen Abend, wenn es wieder kühler wird, zieht sich die Flüssigkeit wieder zusammen und sinkt im Glasrohr nach unten.

Bei uns wird die Temperatur in Grad Celsius gemessen, andere Länder, wie zum Beispiel die USA, verwenden die Maßeinheit Fahrenheit.

Wie das Thermometer zu seinem Namen kam

Den Begriff Thermometer haben wir aus dem Griechischen übernommen: „Thermo“ bedeutet „Hitze“ oder „Wärme“, „meter“ heißt „messen“.

Elektronisch messen

Elektronische Fieberthermometer haben keine Skala mehr, sondern zeigen die Temperatur gleich in Ziffern an. Sie messen über die metallene Spitze. Diese ist im Innern mit einem Metalldraht verbunden, der sich erhitzt, wenn die Körpertemperatur gemessen wird. Ist sie hoch, wird auch der Draht wärmer.

Aus der Wärme des Drahtes berechnet ein Mini-Computer im Thermometer die Körpertemperatur. Sie erscheint dann als Zahl in dem kleinen Fenster. Mist, 38,5 Grad Celsius! Nun musst du im Bett bleiben und kannst nicht raus zum Spielen.

Warum kühlt der Kühlschrank, obwohl er hinten ganz warm ist?

Ein Kühlschrank ist sehr praktisch. Zum einen halten gekühlte Lebensmittel wesentlich länger als ungekühlte, zum anderen schmeckt kalte Limonade viel besser als lauwarme. Wie kommt es aber, dass du ein kühles Getränk aus dem Kühlschrank holen kannst, obwohl das Gerät auf seiner Rückseite warme Luft abgibt?

Tür auf, Lebensmittel rein

Das Kühlmittel fließt in den Wänden des Kühlschranks durch eine Rohrschlange immer im Kreis herum. Wird das Kühlmittel warm, verdampft es, es wird also gasförmig, und in diesem Zustand nimmt es Wärme auf. Das ist zum Beispiel der Fall, wenn du ungekühlte Lebensmittel in den Kühlschrank legst. Sie geben Wärme an den Innenraum ab und dadurch erwärmt sich auch die Kühlflüssigkeit.

Das Geheimnis der Kühlflüssigkeit

Das Geheimnis hat einen Namen: Kühlmittel. Das ist eine Flüssigkeit mit einer besonderen Eigenschaft. Sie ist mal flüssig und dann wieder gasförmig. Der Fachmann sagt dazu, das Kühlmittel ändert seinen Aggregatzustand. Du kennst das von kochendem Wasser: Es blubbert ganz doll und Dampf steigt auf. Dieser Dampf ist nichts anderes als gasförmiges Wasser.

Verdampft

Du fragst dich sicher, wie das Kühlmittel im kalten Kühlschrank verdampfen kann? Der Trick ist, dass Kühlflüssigkeit eine ganz besondere Flüssigkeit ist, die viel früher verdampft als zum Beispiel Wasser. Damit Wasser verdampft, muss es auf 100 Grad Celsius erhitzt werden. Die Flüssigkeit im Kühlschrank verdampft auch schon bei Minusgraden.

Unterwegs im Kühlschrank

Das nun gasförmige Kältemittel wandert weiter durch die Rohre bis zu einem Gerät, in dem das Gas verdichtet, also zusammengedrückt wird. Das Gerät, in dem das passiert, heißt Kompressor. Diesen Vorgang kannst du dir ähnlich vorstellen wie beim Aufpumpen deines Fahrradreifens mit der Luftpumpe. Je mehr du pumpst, desto wärmer wird deine Luftpumpe. Auch das Kältemittel im Kühlschrank wird durch das Verdichten wärmer und wieder flüssig.

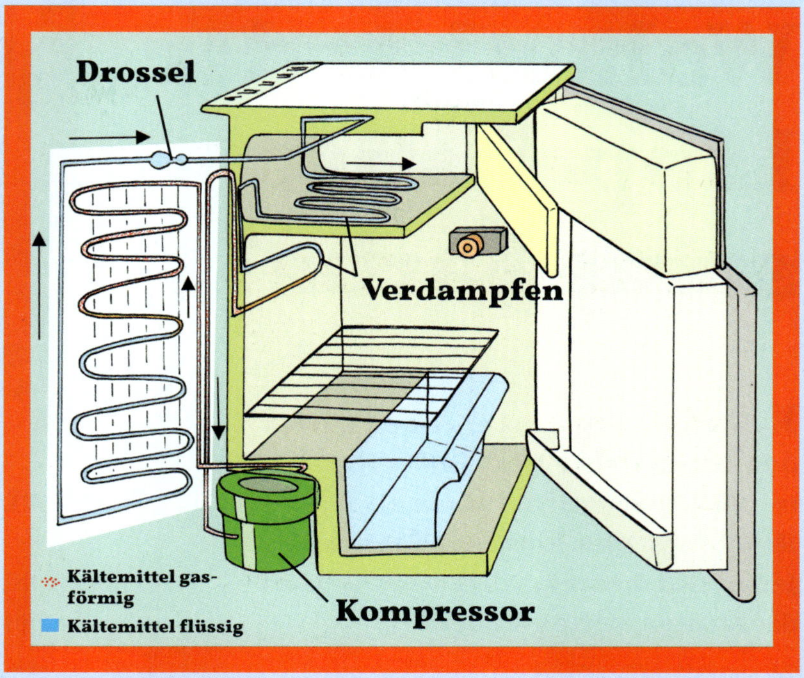

So ist ein Kühlschrank aufgebaut.

Probiere es selbst!

Gib ein paar Tropfen Parfüm auf die Haut. Die Flüssigkeit verdampft und dadurch wird deine Haut an dieser Stelle kalt.

Raus mit der Wärme

Weil Wärme im Kühlschrank nichts zu suchen hat, wird das flüssige Kühlmittel in die Rohrschlange auf der Rückseite des Gerätes geleitet. Dabei gibt es die Wärme aus dem Inneren des Kühlschranks nach außen ab. Hinter dem Gerät wird es deshalb warm.

Am Ende der Rohrschlange befindet sich ein Ventil, die sogenannte Drossel. Hier wird das Kühlmittel wieder entspannt. Das heißt, nachdem das Kühlmittel beim Verdichten vom Kompressor zusammengedrückt wurde, darf es sich wieder ausdehnen. Dann wird das flüssige Kühlmittel zurück in die Wände im Inneren des Kühlschranks gepumpt, wo es wieder verdampft. Der Kreislauf beginnt von vorne und die Milch, der Käse und die Wurst bleiben gut gekühlt.

Gut verpackt

Kühlschränke haben eine dicke, gut dämmende Außenhülle. Sie sorgt dafür, dass möglichst wenig Wärme nach innen gelangt.

Woher hat der Lippenstift seine Farbe?

Knallig rot, zartrosa, weinrot, pink oder doch lieber lila? Die Farbpalette bei Lippenstiften umfasst in der Regel fast alle Rottöne. Farben für jeden Geschmack. Aber woraus sind die bunten Stifte gemacht?

Trend aus Ägypten

Lippenstifte oder Lippenpflegeprodukte gibt es seit vielen Tausend Jahren. Schon die ägyptischen Herrscher benutzten die Farbstifte. Seitdem haben sich die Herstellung und die Inhaltsstoffe geändert, doch Farbe kommt immer noch in den Stift.

Farben aus der Natur

Aus dem Henna-Strauch gewinnt man rote Farbe, die Indigo-Pflanze färbt blau und aus Mineralien gewinnt man verschiedene Erdtöne.

Buntstift für die Lippen?

Lippenstifte bestehen hauptsächlich aus Ölen, Wachsen und Farbpigmenten. Pigmente begegnen dir im Alltag häufig, zum Beispiel in Malerfarben, Buntstiften oder Batikfarben. Farbpigmente sind ganz winzig kleine Farbteilchen. Wenn sie mit den Lippenstiftfetten verrührt werden, geben sie den Dingen ihr fröhlich buntes Aussehen. Sie lassen sich aus natürlichen Rohstoffen oder auch chemisch herstellen.

Was ist drin?

Die meisten Lippenstifte sind mit chemisch hergestellten Farbstoffen aus dem Labor gefärbt. Sie müssen mit allen anderen Zutaten auf dem Lippenstift vermerkt sein, da einige der verwendeten Stoffe die Haut reizen und Allergien auslösen können. Welche Farbpigmente benutzt wurden, erkennst du an den CI-Nummern. „CI" steht für „**C**olour-**I**ndex", das bedeutet so viel wie Farbauflistung.

Guten Appetit!

Wenn du Lippenstift benutzt, lässt es sich fast nicht vermeiden, auch immer einen kleinen Teil davon zu verschlucken. Würdest du jeden Tag welchen benutzen, käme im Laufe eines Jahres ein ganzer aufgegessener Stift zusammen.

Weniger ist mehr

In manchen Lippenstiften sind bis zu 25 verschiedene Zutaten: Duftöle, Konservierungsmittel, Feuchthaltemittel und vieles mehr. Unbedingt notwendig sind alle Zutaten oft nicht.

Wie wird aus Blüten ein Parfüm?

Den Duft von Flieder und Maiglöckchen kennst du sicher. Vielleicht auch den von Vanille und Zimt. Aus all diesen verschiedenen Düften können Parfüms hergestellt werden. Aber wie kommt der Duft aus der Fliederblüte in die Flasche?

Aus Rosenblüten lässt sich ein tolles Parfüm machen.

Blütenduft einfangen ...

Parfüm lässt sich auf unterschiedliche Art herstellen. Um den Duft einfangen zu können, muss zuerst Wasser so stark erhitzt werden, dass es verdampft. Die Blüten oder duftenden Pflanzenteile werden dann in den Wasserdampf gehängt.

Der Wasserdampf durchdringt die Pflanzen und entzieht ihnen dabei die ätherischen Öle, das sind die Duftstoffe. Anschließend wird der Wasserdampf abgekühlt und dabei wieder zu Wasser. Das Öl schwimmt obenauf und kann abgeschöpft werden.

.... und aufbewahren

Bei einer anderen Methode werden die Blüten auf einer Fettschicht ausgelegt. Das Fett selbst muss neutral sein, darf also nicht riechen. Die Blüten bleiben so lange auf dem Fett liegen, bis alle Duftstoffe aus der Pflanze vom Fett aufgenommen wurden. Die im Fett gefangenen Duftstoffe werden anschließend mit Alkohol herausgelöst, sodass sie später im Alkohol sind. Die so gewonnenen Öle werden mit Alkohol und Wasser vermischt in Flaschen abgefüllt.

Parfüm statt waschen

Schon die alten Ägypter beherrschten die Kunst der Parfümherstellung. Nach Europa kamen die teuren Duftstoffe im 14. Jahrhundert. Sie wurden lange Zeit hauptsächlich benutzt, um die schlechten Körpergerüche zu überdecken.

Hier kommt der Duft her

Die französische Stadt Grasse in der Provence gilt als die Welthauptstadt des Parfüms.

Mmh, das duftet!

Der Mix macht's

Die meisten Parfüms bestehen aus vielen unterschiedlichen Düften. Die Aufgabe eines Parfümeurs ist es, daraus den perfekten Duft zu mischen. Die einzelnen Duftnoten nennt der Fachmann Kopf-, Herz- und Basisnoten.

Die Kopfnote verfliegt am schnellsten, dann ist die Herznote zu riechen. Die Basisnote ist auch noch nach Stunden auf der Haut wahrzunehmen.

Aufbewahren

Parfüms sollten an einem dunklen kühlen Ort aufbewahrt werden, damit sie nicht ihre Duftkraft verlieren.

Bei der Destillation von Blüten wird der Duft eingefangen.

Riech doch mal!

Auch Seife, Cremes und Duschgel können genau wie eine Blumenwiese riechen, wenn Parfümöl hinzugefügt wird. Dafür reichen winzige Mengen. Die meisten Duftstoffe kommen inzwischen aber aus dem Labor und werden künstlich hergestellt.

Woraus ist mein T-Shirt gemacht?

Sehr wahrscheinlich hast du nicht nur ein T-Shirt, sondern mehrere: rote, blaue, weiße oder grüne, mit Aufdruck oder Streifen. Vermutlich vergeht kaum ein Tag, an dem du das beliebte Kleidungsstück nicht trägst. Kein Wunder! Schließlich ist es viel bequemer als ein Wattestäbchen oder ein Geldschein, die immerhin aus demselben Material hergestellt werden. Jetzt fragst du dich sicher, von welchem Material hier die Rede ist.

Eine Pflanze namens Baumwolle

Anders als bei einem Wollpulli stammen die Fasern, aus denen dein T-Shirt hergestellt wurde, nicht von einem Tier, sondern von einer Pflanze. Ihr Name ist Baumwolle. Sie wird vor allem für die Herstellung von Stoffen verwendet, findet sich aber auch in Produkten aus Watte oder in Geldscheinen.

Offene Samenkapsel der Baumwollpflanze

Mein T-Shirt wächst heran

Baumwolle fühlt sich am wohlsten, wenn es richtig schön warm und sonnig ist. Sie braucht aber auch viel Wasser. Baumwollfelder gibt es zum Beispiel in Amerika, Teilen von Afrika oder Indien. Baumwolle blüht im Juli und August.

Sind die Blüten bestäubt, entwickelt sich in ihnen eine Samenkapsel. Nach ungefähr acht Wochen ist sie reif und springt auf. Das kannst du dir so ähnlich vorstellen wie bei Popcorn. Die feinen Faserhaare quellen heraus und müssen jetzt nur noch trocknen. Sie sehen aus wie Wattebällchen.

Und die Körner?

Neben den Fasern der Baumwollpflanze werden auch die Samenkörner verwertet. Aus ihnen wird Fett oder Seife hergestellt.

Baumwolle wird zu Garn gesponnen.

Aus dem eingefärbten Baumwollgarn wurden Stoffe gewebt. Hier siehst du verschiedene bunte Stoffballen, aus denen nun zum Beispiel Kleidung gewebt werden kann.

Probiere es aus!

In einem T-Shirt stecken im Schnitt 400 Gramm Baumwolle. Lege dein T-Shirt auf die Waage. Na, wie viel wiegt es?

Zu guter Letzt wird das Garn zu Stoffen gewebt. Daraus könntest du dir nun ein T-Shirt nähen. Meistens macht man das aber nicht selbst, sondern das T-Shirt wird in einer Fabrik gefertigt. Dort schneidet eine Maschine aus großen Stoffbahnen die Einzelteile für dein T-Shirt zu. Mit einer Nähmaschine werden sie zusammengenäht. Fertig!

Von der Faser zum Stoff

Nach der Ernte werden die flauschigen Fasern von den Samenkörnern getrennt. Eine sehr mühsame Arbeit, die früher von Hand erledigt wurde. Heute gibt es dafür Maschinen. Anschließend wird die Baumwolle gekämmt. So liegen alle Fasern in einer Richtung. In der Spinnmaschine entsteht aus ihnen ein Garn, das gefärbt werden kann. Rot, blau oder grün, wie die T-Shirts, die du schon hast.

Hier werden in einer Fabrik T-Shirts genäht.

Wie kommt die Sohle an den Schuh?

Schuhe begleiten uns das ganze Leben. Sie schützen unsere Füße vor Kälte, Regen und Verletzungen und schmücken uns. So unterschiedlich sie sind, eines haben sie gemeinsam: eine Sohle. Doch wie kommt sie an den Schuh?

Ohne Sohle geht's nicht

Sandalen, Turnschuhe, Tanzschuhe, Gummistiefel, Hausschuhe oder Winterstiefel, ohne Sohle gibt es keinen Schuh. Sie ist der wichtigste Teil und sorgt dafür, dass wir uns keine Steine oder Splitter eintreten. Es gibt Schuhe mit und ohne Zehen- oder Fersenkappe, mit und ohne Absatz oder mit und ohne Schnürung. Nur eine Sohle ist immer dran. Bevor sie allerdings an den Schuh kommt, ist er schon fast fertig.

Verschiedene Leisten

Leisten

Der sogenannte Leisten ist ein dreidimensionales Modell des Schuh-Innenraums. Für Maßschuhe wird von jedem Fuß ein Leisten hergestellt. An ihm werden die einzelnen Teile befestigt, um den Schuh zusammenzubauen.

Ein Schuh wird gebaut

Ein Schuh besteht normalerweise aus einem Schaft, das ist der obere Teil des Schuhs, und aus dem Boden, das ist die Sohle. Beide Teile können auf unterschiedliche Art und Weise miteinander verbunden werden.

Entwerfen

Zuerst wird für den neuen Schuh ein Entwurf gemacht. Wie soll er später aussehen, für welchen Zweck ist er gedacht und aus welchem Material soll er gebaut werden? Anschließend wird der Entwurf auf den Leisten übertragen und ein Schnittmuster hergestellt. Schau dir deine Schuhe einmal genauer an. Sie bestehen aus vielen einzelnen Teilen, die zusammengefügt wurden.

In der Schuhfabrik

Aus der Fabrik

Die meisten Schuhe werden heute in Fabriken gefertigt. Auch dort benutzt man Leisten, die anhand von Durchschnittswerten in den verschiedenen Schuhgrößen gebaut werden. Ein Leisten gibt neben der Form des Fußes auch die Gestaltung des Schuhs wieder.

Ausschneiden

Das Schnittmuster wird auf Leder oder ein anderes robustes Material übertragen und ausgeschnitten oder gestanzt. Die einzelnen Schaftteile werden anschließend zusammengenäht oder verklebt. Der Schaft wird um den Leisten gebogen und gespannt. Er muss ganz faltenfrei sein und sehr stramm. So bekommt der Schuh seine spätere Form.

Fertig!

Ist der Schaft auf dem Leisten, kann von unten die Sohle dagegengesetzt werden. Die meisten Schuhe haben eine Innen- und eine Laufsohle. Die Sohle kann mit dem Schaft vernäht oder verklebt werden. Ganz zum Schluss muss der Leisten wieder aus dem Schuh gezogen werden. Das ist sehr anstrengend, deshalb hilft meistens eine Maschine dabei. Fertig ist der neue Schuh!

Beim Schuster – noch ohne Sohle

Wieso hält Kleidung warm?

Im Winter, wenn es draußen kalt ist, ziehst du über dein T-Shirt einen Pullover und darüber noch eine dicke, gefütterte Jacke. Erst dann wagst du dich raus in die Kälte. Im Sommer würdest du nie so viele Kleidungsstücke übereinanderziehen, denn dann würdest du furchtbar schwitzen. Aber wieso sorgen Anziehsachen dafür, dass du nicht frierst?

Brr, ist das kalt!

Wenn wir frösteln, behaupten wir gerne, dass die Kälte durch unsere Kleidung kriecht. Dabei ist es genau umgekehrt. Nicht die Kälte von außen kommt herein, sondern die Wärme von innen geht durch unzureichende Kleidung nach außen.

Vergiss die Mütze nicht!

Gehst du im Winter ohne Mütze aus dem Haus, erwärmt dein unbedeckter Kopf die Luft um ihn herum. Die warme Luft fließt weg. Hast du dagegen eine Mütze auf, verhindert sie, dass die Luft wegströmen kann. Deshalb bleiben deine Ohren warm. Kleidung macht also nicht warm, sondern verhindert, dass die Wärme deinen Körper verlässt.

Luft einschließen

Kleidungsstücke halten am besten warm, wenn sie möglichst viel Luft einschließen. Ein dünnes T-Shirt ist deshalb nicht so warm wie die Daunenjacke, wo sich ganz viel Luft zwischen den einzelnen Daunen fangen kann.

Gute und schlechte Wärmeleiter

Die Luftschicht zwischen Körper und Pullover isoliert, hält also die Wärme fest. Das liegt daran, dass Luft ein schlechter Wärmeleiter ist. Sie leitet die Wärme nicht ab. Auch Holz oder Styropor leiten die Wärme nicht gut. Kochlöffel sind deshalb häufig aus Holz. So verbrennt man sich nicht die Finger an ihnen, wenn man das heiße Essen damit umrührt.

Gute Wärmeleiter sind Metall und Glas. Berührst du im Winter mit der bloßen Hand einen Laternenpfahl oder eine Fensterscheibe, fühlt sich beides sehr kalt an. Das liegt daran, dass über die Haut deiner Hand Wärme in Richtung Metall oder Glas strömt. Ist deine Hand feucht, könntest du sogar an dem Metall festfrieren.

Gut gekühlt

Kühl- oder Wärmeboxen bestehen meistens aus Styropor. So bleibt die Temperatur der Speisen und Getränke im Inneren lange erhalten.

Wie schützt die Sonnencreme vor Sonnenbrand?

Findest du es auch so herrlich, in der Sonne am Strand zu toben? So ein Ferientag am Wasser muss natürlich voll ausgekostet werden und du willst möglichst schnell ins Freie. „Erst eincremen", sagt Mama, „sonst bekommst du einen Sonnenbrand." Aber wie verhindert die Creme, dass du rot wirst?

Zu viel Sonne

Wenn du zu lange ohne Schutz in die Sonne gehst, bekommst du einen Sonnenbrand und die Haut wird rot. Später schält sie sich dann manchmal ab. Wenn die Haut ganz schlimm verbrannt ist, können sich sogar Blasen bilden und noch viele Jahre später kann es Folgeschäden geben. Das Gemeine daran ist: Wenn du den Sonnenbrand bemerkst, ist es schon zu spät. Wie macht die Sonne das?

Lichtschutzfaktor

Der Lichtschutzfaktor gibt dir einen Anhaltspunkt, wie lange du in der Sonne bleiben kannst, wenn du dich mit dieser Creme einschmierst. Mit Lichtschutzfaktor 30 kannst du zum Beispiel 30-mal länger in der Sonne bleiben als ohne Creme.

Strahlung dreimal anders

Die Sonne schickt eine Reihe ganz unterschiedlicher Strahlungen zu uns auf die Erde. Eine davon ist Licht. Das ist die Strahlung, die du sehen kannst. Eine andere kannst du spüren, dafür aber nicht sehen. Es ist die Infrarot-Strahlung, die du als Wärme auf der Haut fühlst. Und dann gibt es noch eine dritte, gefährliche Strahlung: die UV-Strahlung. Du kannst sie weder sehen noch spüren.

Spiegel in der Sonnencreme?

Sonnencreme schützt dich, indem sie die gefährliche UV-Strahlung unschädlich macht. Das kann auf zwei Arten geschehen. Bei der ersten Methode werden der Creme chemische Stoffe beigemischt, die die UV-Strahlung aufnehmen und in Wärme umwandeln. Dazu muss sie aber erst in die Haut einziehen. Du solltest also noch ein bisschen warten, bevor du nach dem Eincremen in die Sonne gehst.

Eincremen nicht vergessen!

Eine andere Methode ist, der Creme winzige Nanoteilchen beizumischen. „Nano" ist Griechisch und bedeutet „Zwerg" oder „zwergenhaft". Nanoteilchen sind also sehr, sehr klein. Sie funktionieren wie kleine Spiegelchen, die die Strahlung einfach zurückwerfen. So kann ein Teil der gefährlichen Strahlung gar nicht erst in die Haut eindringen.

Gut eingecremt

UV-Strahlung gibt es übrigens auch im Schatten, deshalb solltest du dich auch dort mit Creme schützen.

Die Strahlung der Sonne wird von der Sonnencreme zurückgeworfen.

Wie kommt die Zahnpasta in die Tube?

Mindestens zweimal am Tag solltest du die Zähne gründlich putzen. Noch besser ist es nach jeder Mahlzeit. Also ran an die Zahnbürste, drauf mit der Zahnpasta und mindestens zwei Minuten schrubben! Ist die Tube noch voll, lässt sich die Paste ganz leicht herausdrücken. Ist sie schon fast leer, musst du ganz schön quetschen, um an den Rest zu gelangen. Ob es auch so schwer ist, die Zahnpasta hineinzubekommen?

Zahnpulver und Mundwasser

Zahnpasta oder zumindest so etwas Ähnliches gibt es schon ganz lange. Die Ägypter benutzten zum Beispiel eine Paste, die sie aus Bimsstein und Weinessig herstellten. Der Bimsstein wurde dazu möglichst fein zermahlen. Später benutzte man Zahnpulver, das vorwiegend aus Kreide bestand, oder Mundwasser.

Tolle Erfindung

Erst Anfang des 20. Jahrhunderts erfand ein Apotheker aus Dresden eine Zahncreme, die der Zahnpasta von heute schon sehr ähnlich war. Und sie kam aus der Tube.

Was ist in der Tube?

Zahnpasta besteht aus ganz vielen unterschiedlichen Bestandteilen. Zu den wichtigsten gehören die Putzkörper. Das kann Schlämmkreide oder auch Marmor sein. Sie lösen die Beläge von den Zähnen. Dann kommen Mittel dazu, die den Schaum machen, damit sich die Paste gut verteilt.

Wieder andere Zusätze sorgen dafür, dass die Zahncreme nicht so schnell eintrocknet, lange haltbar ist, gegen Karies schützt und gut schmeckt. Manchmal kommt noch Farbstoff dazu, zum Beispiel für die Streifen.

Streifen

Bestimmt kennst du Zahnpasta mit farbigen Streifen. Die Streifen sehen zwar toll aus, aber sauberer werden deine Zähne dadurch nicht.

Wie Zahnpasta abgefüllt wird

In dem Betrieb, der die Zahnpasta herstellt, werden alle Zutaten in genau festgelegter Reihenfolge und Menge miteinander vermischt. Ist die Paste fertig, kommt sie, wie die Tuben auch, zur Abfüllstation.

Die Tuben stehen dabei auf dem Deckel und sind auf der anderen Seite noch offen. So als wäre der Rand abgeschnitten. Eine Maschine füllt die Zahnpasta durch die große Öffnung automatisch ein. Dann faltet sie den Rand um und verschließt ihn ganz fest. So herum ist es auch viel einfacher, als die ganze Paste durch das kleine Loch beim Deckel zu stopfen.

Wie macht Seife sauber?

Wenn du vom Spielen aus dem Wald nach Hause kommst, hörst du sicher auch häufiger die Aufforderung: „Wasch dir bitte die Hände, aber mit Seife!" Reicht nicht einfach nur Wasser, warum wäscht die Seife besser?

Widerspenstiger Dreck

Schmutz und Dreck können ganz unterschiedliche Eigenschaften haben. Manchmal werden die Finger gut mit Wasser sauber. Ein bisschen reiben und hinterher abspülen, schon ist nicht mehr zu sehen, dass du eben noch Löcher in die Erde gegraben hast. Es kommt aber auch vor, dass der Dreck sehr hartnäckig ist. Da kannst du reiben, wie du willst, die Hände bleiben schwarz.

Unter Spannung

Lust auf ein kleines Experiment? Fülle ein Glas mit Wasser, bis es voll ist. Dann gießt du ganz langsam noch etwas mehr Wasser hinzu. Obwohl das Glas schon voll ist, geht noch ein kleines bisschen mehr Wasser hinein, ohne dass es überläuft.

Seife

Seife ist das älteste chemische Produkt der Welt. Bis ins 19. Jahrhundert war sie ein Luxusartikel.

Stattdessen bildet sich ein kleiner Berg. Das kommt von der Oberflächenspannung. Die einzelnen Wasserteilchen haften aneinander und wollen sich nicht trennen. So lässt sich das Wasser aber nicht so gut zwischen Dreck und Haut schieben, um den Schmutz fortzuspülen. Deshalb brauchst du die Seife.

Seife entspannt

Zurück zu deinem Experiment. Gibst du auf deinen Wasserberg nur einen winzigen Tropfen Spülmittel, fließt das Wasser über den Rand des Glases. Das ist nicht der berühmte Tropfen, der das Fass zum Überlaufen bringt, sondern die Aufhebung der Oberflächenspannung. Die Wasserteilchen haften nicht mehr so fest aneinander und lassen sich jetzt viel einfacher zwischen Schmutz und Haut schieben. Die reibende Bewegung der Hände beim Waschen hilft dabei, die Schmutzteilchen abzustreifen.

Abgeperlt

Seife kann aber noch mehr. Schmutz ist häufig fettig, deshalb perlt das Wasser daran ab. Seife löst das Fett, sodass du es mit Wasser abwaschen kannst.

Fett abwaschen

Die Bestandteile von Seife haben ein wasserliebendes und ein fettliebendes Ende. An der einen Seite verbinden sie sich mit dem Wasser, auf der anderen ziehen sie das Fett an. Stell dir vor, du wärst die Seife. Mit einer Hand greifst du dir das Wasser, mit der anderen das Fett. Und Hand in Hand geht ihr dann weg. So ähnlich schnappt sich die Seife den fettigen Schmutz auf deinen Fingern. Ein bisschen Wasser hinterher und schon werden die vom Spielen dreckigen Hände wieder sauber.

Die durch die Seife schäumenden Wasserteilchen schieben sich zwischen Dreck und Haut.

Wie kommt der Zug von A nach B?

Bestimmt bist du schon einmal mit dem Zug gefahren. Vielleicht um Tante Ilse zu besuchen, um in die Schule zu kommen oder um mit der Bahn in den Urlaub zu reisen. Damit du auch an deinem Fahrtziel ankommst, müssen viele Menschen dafür sorgen, dass alles reibungslos klappt. Wie geht das?

Ab geht die Reise

Bei der Bahn arbeiten sehr viele Menschen in ganz unterschiedlichen Berufen. Einigen, wie dem Schaffner, begegnest du auf deiner Fahrt. Die meisten anderen aber bekommst du nie zu Gesicht. Wer sind all diese Leute? Machen wir eine kleine Reise!

„Alles einsteigen, bitte!“

Wenn du mit dem Zug fahren möchtest, brauchst du eine Fahrkarte. Du bekommst sie entweder am Automaten oder am Schalter im Reisezentrum. Hier kannst du dir zum Beispiel auch deine Zugverbindungen ausdrucken lassen, damit du weißt, wann du ankommst oder wo du umsteigen musst.

Manchmal sind die Züge sehr voll. Dann ist es besser, sich vor der Fahrt einen Platz reservieren zu lassen.

Auf der Fahrkarte steht manchmal, auf welchem Gleis und zu welcher Uhrzeit dein Zug abfährt. Ist das nicht der Fall, schaust du auf der Fahrplanauskunft nach. Das sind große Plakate, die überall im Bahnhof hängen. Oder du fragst einen der Bahnmitarbeiter danach. Nun aber schnell, gleich fährt dein Zug!

„Vorsicht an der Bahnsteigkante!"

Im Zug suchst du dir einen Platz, der dir gefällt, oder den, den du vorher reserviert hattest. Da kommt auch schon die Lautsprecherdurchsage „Türen schließen". Schon setzt sich der Zug in Bewegung. Der Lokführer legt den Hebel an seinem Steuerpult um und der Zug nimmt Fahrt auf. Lenken muss der Lokführer nicht, denn der Zug fährt auf den Schienen von ganz allein in die richtige Richtung. Der Lokführer regelt nur die Geschwindigkeit, fährt schneller oder bremst ab.

Losfahren darf er aber erst, wenn keine anderen Züge auf der Strecke unterwegs sind. Im Bahnhof kommt das Startzeichen von einem Mitarbeiter. Unterwegs zeigen Signale an, ob der Weg frei ist. Rot bedeutet „Anhalten", Gelb steht für „Vorsicht, langsam fahren" und bei Grün gibt es „freie Fahrt". Doch wer stellt die Signale?

Die Fahrpläne für die Züge sind mit allen Bahnhöfen und Uhrzeiten in einem dicken Buch, dem sogenannten Kursbuch, aufgeschrieben.

Im Stellwerk

Das Stellwerk ist die Schaltzentrale der Bahn. Hier werden die Weichen und Signale gestellt. Die Mitarbeiter, die hier arbeiten, sind so etwas wie die Fluglotsen der Schiene. Sie überwachen die Strecken, sperren sie oder geben sie frei. Früher wurden die Weichen und die Signale von Hand gestellt, heute geht das automatisch. Und woher wissen die Menschen im Stellwerk, wo der Zug gerade ist?

An den Schienen laufen Drähte entlang, die die Information über den Zug an das Stellwerk schicken. Dort erscheint er dann als Lichtpunkt auf einer Gleistafel. Auf ihr sind die Strecken, Weichen und Signale eingezeichnet. Geschaltet werden sie über den Computer. Ein Mausklick genügt.

Die Fahrkarten, bitte!

Ein Zugbegleiter, früher sagte man Schaffner dazu, prüft den Fahrschein. Auf ihm stehen das Reiseziel und der Preis. Der Fahrschein wird abgestempelt, damit er nicht noch einmal benutzt werden kann.

Achtung, Baustelle!

Wie auf der Autobahn gibt es auch im Streckennetz Baustellen. Die Gleise müssen regelmäßig kontrolliert werden. Alles, was dort nicht hingehört, wird entfernt. Sträucher werden geschnitten, Brücken überprüft und manchmal wird ein beschädigtes Teil repariert oder ausgetauscht.

Durch Baustellen muss der Zug ganz langsam hindurchfahren. Spezielle Schilder machen den Lokführer darauf aufmerksam.

Bitte abbiegen! Hier lenken Weichen in verschiedene Richtungen.

„Nächster Halt: München Hauptbahnhof“

Bevor der Zug in den Bahnhof einläuft, gibt es meistens noch eine Durchsage. Sie informiert dich darüber, auf welchem Gleis der Zug ankommt, auf welcher Seite du aussteigen kannst und welche Anschlusszüge es gibt. Das ist wichtig, falls du noch umsteigen musst.

Stopp!

Weil der Zug so schnell und so schwer ist, dauert es sehr lange, bis er endgültig zum Stehen kommt. Deshalb bremsen manche Züge schon Kilometer vor dem Bahnhof ab.

Wenn der Zug von diesem Bahnhof aus nicht mehr weiterfährt, ist er an seiner Endstation angekommen. Alle müssen aussteigen. Dann fährt der Zug auf ein Abstellgleis, wo er sauber gemacht wird, oder startet direkt von dort zu einem neuen Ziel. Wo die Reise wohl hingeht?

So sieht es in einem Stellwerk aus.

Wie finden Container ihren Weg um den Globus?

In den großen Häfen der Welt stapeln sich Millionen von Containern. In ihnen werden Autos, Badeenten, Kaffee oder Turnschuhe rund um den Globus befördert. Sie sind Tausende von Seemeilen auf riesigen Containerschiffen unterwegs. Wie findet man am Ziel aus all den Containern den richtigen heraus?

Großeinkauf

Stell dir vor, du bist ein Geschäftsmann und kaufst in China mehrere Tausend Badeenten. Sie sollen nach Deutschland verschifft werden, damit du sie hier verkaufen kannst.

Wie die Ente in den Container kommt

Der Händler verpackt die von dir gekauften Enten in Kartons. Die Kartons werden anschließend vom Händler selbst oder einer Spedition, das ist eine Firma, die sich um den Transport von Waren kümmert, in einen Container verladen.

Dieser Container hat eine mehrstellige Nummer, die Registriernummer. Sie verrät unter anderem, wem der Container gehört. Zusätzlich bekommt dein Container mit den Badeenten einen Frachtbrief. Darin steht, für wen die Lieferung bestimmt ist und woraus sie besteht.

Durchnummeriert

Anhand der Registriernummer, die jeder Container bekommt, können der Weg und der Aufenthaltsort jedes einzelnen Containers auf seiner Reise verfolgt werden.

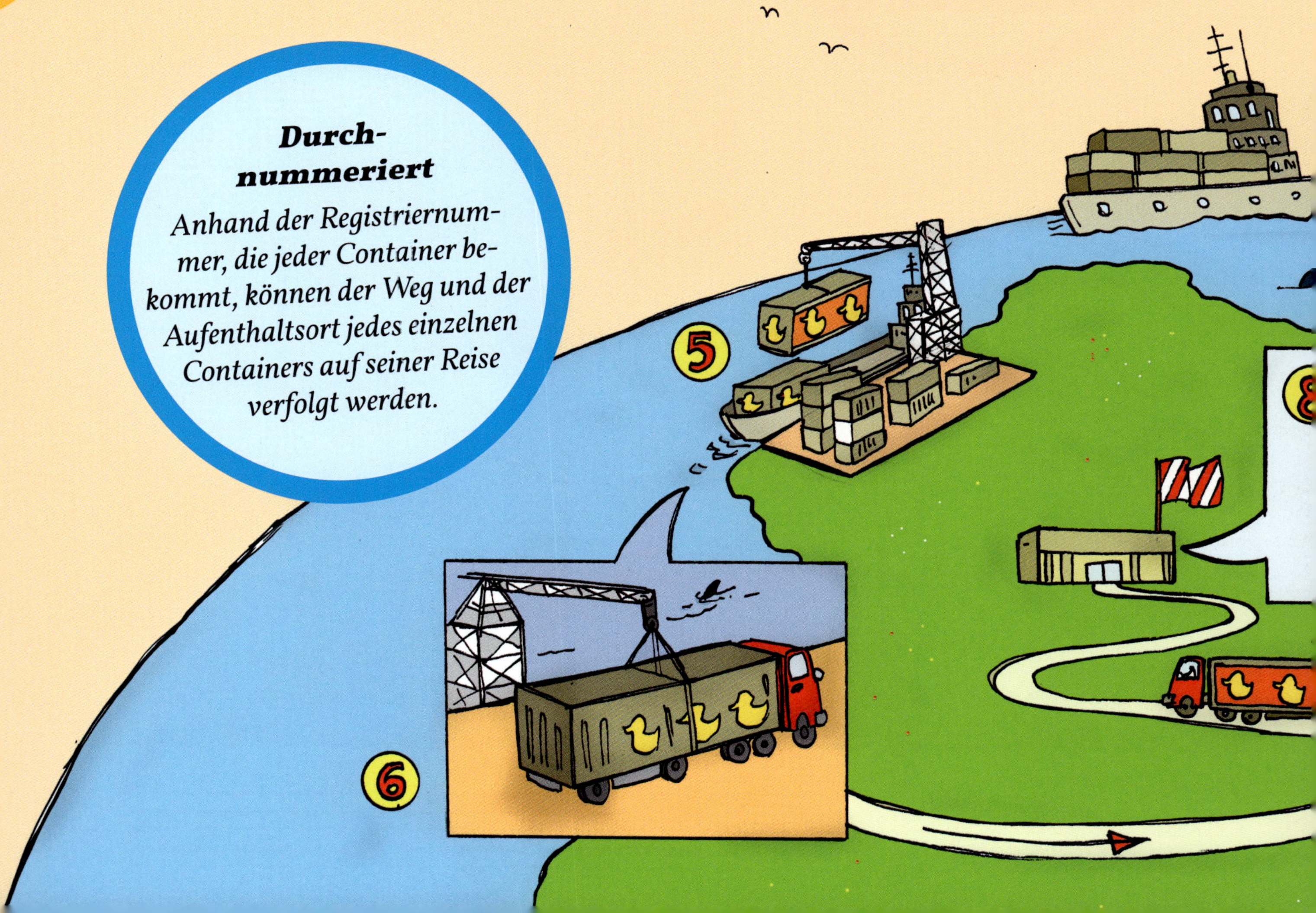

Auf dem Schiff

Der fertig gepackte Container wird mit einem Lastwagen zum nächsten Containerhafen gefahren, zum Beispiel nach Hongkong. Dort wird er von riesigen Kränen auf das Schiff gehoben und verstaut. Tagelang fährt er nun über den Ozean, bis er im Zielhafen ankommt.

Satellitenortung

Viele Container sind inzwischen mit einer Überwachungstechnik ausgestattet und können zu jeder Zeit und an jedem Ort rund um den Globus mithilfe von Satelliten geortet werden.

Wie die Ente in den Laden findet

Das Schiff mit deinem Container hat Hamburg erreicht und ist damit am Ziel. Alle Container werden mit Kränen von Bord gehoben und automatisch an einem freien Platz im Containerhafen abgestellt. Der Kran ist mit einer automatischen Texterkennung ausgestattet. Sie liest die Nummer von deinem Container ein. Die Daten von deinem Container werden zusammen mit dem Lagerplatz im Computer gespeichert. So kann er jederzeit gefunden werden.

Ein Fahrer von einer Spedition holt den Container dort für dich ab. Dazu muss er Papiere vorlegen, damit er den Container übergeben bekommt. Ist alles in Ordnung, fährt ein Kran los, holt den Container von seinem Platz und hebt ihn auf den Lastwagen. Der Container wird entpackt und du bekommst die Kartons mit den Enten in den Laden geliefert. Dann können die Kunden ja nun kommen!

Wieso stoßen Flugzeuge in der Luft nicht zusammen?

Alle paar Minuten starten und landen Flugzeuge am Flughafen. Ist eines gerade abgehoben, kommt aus der anderen Richtung bereits ein anderes, das zur Landung ansetzt. An manchen Tagen ist ganz schön viel los am Himmel. Wie schaffen es die ganzen Flieger bloß, immer aneinander vorbeizufliegen? Da ist doch niemand, der den Verkehr regelt, oder etwa doch?

Die Luftpolizei

Auch für den Luftverkehr gibt es eine Art Verkehrspolizei. Diese „Polizisten" nennen sich Fluglotsen und sitzen im Kontrollturm des Flughafens, dem Tower. Ohne ihre Erlaubnis darf kein Flugzeug starten oder landen.

Luftstraßen

Auch am Himmel gibt es Straßen, die auf Flugkarten eingezeichnet sind. Die Piloten müssen sich an diese Strecken halten und dürfen nicht einfach kreuz und quer fliegen.

„Bitte um Starterlaubnis"

Der Kontrollturm ist der höchste Punkt am Flughafen. So haben die Lotsen den besten Überblick. Will ein Flugzeug starten, bittet der Pilot bei den Fluglotsen um Starterlaubnis. Das geschieht über Funk. Ist die Startbahn frei, wird die Genehmigung erteilt und das Flugzeug darf starten. Aber auch dann muss der Pilot noch die Anweisungen des Towers befolgen und darf nur die Route fliegen, die ihm zugewiesen wurde.

So sieht ein Flughafentower aus.

Im Tower

Im Tower

Die Fluglotsen im Tower sehen jede Maschine auf ihrem Radarschirm als einen Punkt. Zusätzlich wird ihnen angezeigt, in welcher Höhe und wie schnell das Flugzeug fliegt. Ihre Aufgabe ist es, darauf zu achten, dass sich die Flugzeuge nicht zu nahe kommen.

Die Luftraumüberwachung

Ist das Flugzeug nicht mehr im Bereich des Flughafens, wird es von der Luftraumüberwachung übernommen. Dazu meldet sich der Pilot bei den dort arbeitenden Fluglotsen an und er bekommt die Flugstraße und die Flughöhe genannt. Daran muss er sich unbedingt halten, denn nur der Fluglotse sieht, ob noch andere Maschinen unterwegs sind. So wird der Pilot von einer Station zur nächsten geleitet.

„Landeerlaubnis erteilt"

Vor der Landung übernehmen wieder die Fluglotsen vom Tower des Zielflughafens. Sie geben die Landebahn und die Halteposition durch.

Wollen auch noch andere Flugzeuge zur gleichen Zeit landen, kann es sein, dass der Pilot noch ein paar Runden über dem Flughafen kreisen muss, bis er die Landeerlaubnis bekommt.

Wie weiß mein Koffer, wo er hinfliegen muss?

Fliegst du in den Urlaub, musst du vor Abflug an den Check-in-Schalter. Dort wird dein Flugticket überprüft und du darfst dir einen Sitzplatz im Flugzeug aussuchen. Deinen Koffer gibst du dort ebenfalls auf. Ob das gut geht und er tatsächlich mit dir in derselben Maschine reist?

In alle Welt

An den Check-in-Schaltern werden Reisen in die ganze Welt abgefertigt. Eben ging es von Schalter zwei noch nach Kopenhagen, jetzt bereits nach London. Und alle Koffer verschwinden über dasselbe Förderband. Wie finden sie das richtige Flugzeug?

Check-in

Bevor dein Koffer auf dem Förderband verschwindet, bekommt er ein Etikett. Das druckt der Mitarbeiter am Check-in-Schalter aus und klebt es an deinen Koffer. Darauf stehen der Zielflughafen, die Flugnummer und dein Name. Außerdem bekommt dein Koffer eine Nummer, die ebenfalls dort aufgedruckt ist.

Alle diese Angaben sind zusätzlich in einem Strichcode auf dem Etikett verschlüsselt. Damit du später nachweisen kannst, dass du deinen Koffer aufgegeben hast, erhältst du einen Kontrollzettel mit der Koffernummer.

Durch das Förderbandlabyrinth

Dein Koffer verschwindet mit dem angehängten Etikett über ein Förderband. Je nach Größe des Flughafens macht er jetzt eine Reise von mehreren Kilometern, bis er in einem Transportkorb landet, der zu deinem Flugzeug gebracht wird. Wie kommt er da hin?

Im Bauch des Flughafens läuft das meiste automatisch ab. Viele Förderbänder durchziehen das Gebäude. Auf ihnen laufen die Koffer und biegen zwischendurch auch mal ab. Das sieht chaotisch aus, ist es aber nicht. Denn über den Förderbändern befinden sich Lese- und Sortiergeräte. Sie entschlüsseln den Strichcode auf dem Kofferetikett und geben die Information über das Reiseziel an einen Computer weiter.

Dieser Computer stellt die Weichen an den Förderbändern. So wird dein Koffer bis zu dem Gepäckfahrzeug gelotst, das zu deinem Flieger fährt. Von dort wird er per Hand in den Bauch der Maschine verladen. Alle Passagiere sind auch schon im Flugzeug und du sitzt an deinem Fensterplatz. Vielleicht kannst du von dort sogar sehen, wie dein Koffer eingeladen wird. Guten Flug und schöne Ferien!

Oh Schreck, Koffer weg!

Manchmal werden Koffer nicht richtig beschriftet, auf falsche Förderbänder oder Gepäckwagen gelegt. Aber keine Sorge, es gibt zum Glück die Mitarbeiter der Gepäckermittlung, mit deren Hilfe die meisten verloren gegangenen Gepäckstücke innerhalb von 48 Stunden wieder auftauchen.

Wieso kann man sehen, was ich in meinem Handgepäck habe?

Fliegst du in den Urlaub, musst du erst durch eine Sicherheitskontrolle, bevor du in das Flugzeug steigen darfst. Dort wird dein Handgepäck, zum Beispiel dein Rucksack, durchleuchtet und auch du musst durch eine Sicherheitsschleuse. Rucksack und Kind werden kontrolliert, und wenn alles in Ordnung ist, dürfen du und dein Gepäck an Bord. Doch wie können die Mitarbeiter sehen, was du in deinem Rucksack hast? Haben die etwa einen Röntgenblick?

Körperscanner

Wie für Gepäck gibt es auch Scanner, die ein Bild von deinem Körper machen, um unter der Kleidung versteckte Dinge zu finden.

Röntgenblick?

Die Mitarbeiter können natürlich nicht mit bloßem Auge durch deinen Rucksack sehen. Sie benutzen dafür ein Gerät, den Gepäckscanner.

Zum Scannen legst du deinen Rucksack auf ein Band. Darauf fährt er in das Röntgengerät und wird mit verschiedenen Wellenlängen durchstrahlt. So erkennt das Gerät Form und Material der einzelnen Gepäckstücke. Deine Buntstiftdose aus Metall wird blau dargestellt, weiches Material, wie zum Beispiel ein Schokoriegel, erscheint in Orange. Zusätzlich gleicht das Gerät alle Dinge in deinem Rucksack mit einer Bilddatenbank ab, die Informationen zu gefährlichen Gegenständen und Materialien enthält.

Der Käse im Rucksack

Der Kontrolleur sieht an einem Bildschirm so den Inhalt deines Rucksacks als Farben und Formen. Ist etwas auffällig oder kann er es nicht erkennen, musst du deinen Rucksack öffnen. Dann wird schnell klar, dass der angeblich gefährliche Gegenstand nur ein Stück Käse ist, das du deinem Onkel mitbringen sollst.

Wenn die Schnalle piept

Auch du musst durch ein Gerät. Es nennt sich Sicherheitsschleuse und soll verhindern, dass Messer oder Waffen unerkannt in das Flugzeug gelangen. Dazu musst du durch eine Art Tor gehen, das unsichtbare elektromagnetische Wellen erzeugt.

Die Sicherheitsschleuse ist wie ein riesiger Metalldetektor. Die Wellen erzeugen ein bestimmtes Muster. Treffen sie auf Metall, werden sie aufgehalten und das Muster verändert sich. Das Gerät löst daraufhin einen Alarm aus und piept.

Gehst du zum Beispiel mit einer Gürtelschnalle aus Metall hindurch, schlägt das Gerät an. Dann kommt ein Mitarbeiter und du wirst noch einmal gründlich kontrolliert. Piept das Gerät nicht, darfst du ins Flugzeug. Gute Reise und schöne Grüße an den Onkel!

Vor dem Betreten der Sicherheitsschleuse musst du die Taschen ausleeren. Schlüssel oder Geldstücke können sonst einen Alarm auslösen.

Was passiert mit dem Inhalt der Flugzeugtoilette?

Kennst du das schlürfende und saugende Geräusch von Bordtoiletten? In Flugzeugen und in Zügen gibt es dieses etwas andere Klo. Warum sind die immer so laut und wohin verschwindet das Abwasser?

Schwuppdiwupp, alles weg!

Gehst du im Zug oder im Flugzeug auf die Toilette, verschwindet mit dem Drücken des Spülknopfes der Inhalt in rasender Geschwindigkeit in einem dünnen Abflussrohr. Zu Hause ist das Abwasserrohr viel dicker und es fließt auch viel mehr Wasser hindurch. Und hier?

Toilette in einem Flugzeug

Saugen statt spülen

Für eine Bordtoilette braucht man viel weniger Wasser. Das liegt an der speziellen Beschichtung des Toilettenbeckens mit Teflon. Dieses Material verhindert, dass sich Rückstände anheften und das Becken verschmutzen.

Ein geringerer Wasserverbrauch ist wichtig, da der Toiletteninhalt in einem Tank gesammelt wird, bis das Flugzeug wieder am Boden ist oder der Zug an seiner Endstation.

Schwerelos

Astronauten bekommen ein extra Toiletten-Training, weil es gar nicht so einfach ist, im Weltall aufs Klo zu gehen. Im All gibt es nämlich keine Schwerkraft und alles schwebt. Damit trotzdem nichts danebengeht, ist in den Astronauten-Toiletten unten eine Art Staubsauger drin, der alles aufsaugt.

Wie ein Staubsauger

Das laute schmatzende Geräusch der Spülung entsteht durch das Absaugen der Hinterlassenschaft. Ähnlich wie in einer Weltraumstation funktionieren diese Vakuumtoiletten mit Unterdruck. Sie saugen die Schüssel praktisch leer.

Das kannst du dir vorstellen wie bei einem Staubsauger. Mit dem wenigen Wasser, das sie benötigen, wird das Becken kurz gespült, der Rest wird eingesaugt. Zu Hause benutzt du dagegen das Wasser, um alles wegzuspülen. So gesehen ist der Knopf in Bordtoiletten, den du zum Spülen benutzt, eigentlich gar kein Spülknopf, sondern ein Saugknopf.

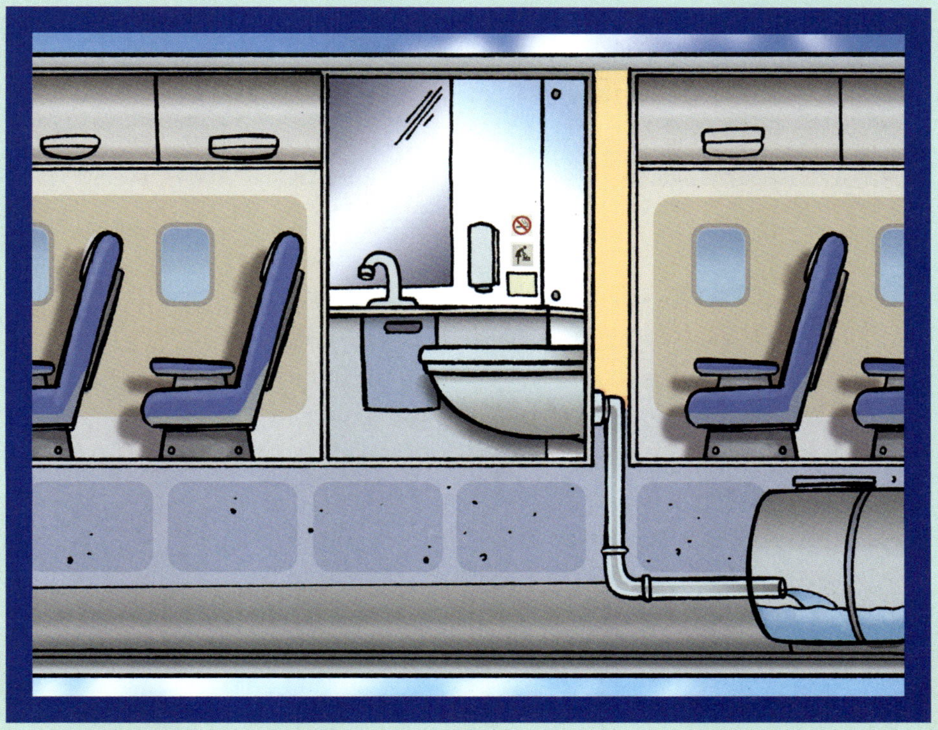

Der Inhalt der Flugzeugtoilette landet in einem Tank.

Kann mich die Flugzeugtoilette ansaugen?

Nein. Sie saugt zwar recht kräftig, um einen Menschen festzusaugen, reicht es aber nicht. Außerdem kommst du im Sitzen in der Regel gar nicht an den Spülknopf, sondern musst dafür aufstehen.

Toilettentank in einem Wohnmobil

Und ab in den Tank

Drückst du auf den Spülknopf, öffnet sich eine Klappe im Boden der Schüssel und der Sauger schlürft alles in einen großen Tank. Die Klappe schließt sich wieder und ein wenig Wasser fließt nach. Beim Flugzeug befindet sich der Tank im hinteren Teil der Maschine. Bei Zügen wird der Fäkalientank, so heißt der Abwassertank, zum Beispiel in einem kleinen Raum neben dem WC eingebaut. Später wird der Tank abgepumpt und der Inhalt entsorgt. Bei Flugzeugen geschieht das nach jedem Flug, bei Zugtoiletten wird der Tank erst nach ein paar Tagen geleert.

Wie bremsen Schiffe?

Felgenbremse bei einem Fahrrad

Wenn ein Schiff im Hafen ankommt und anlegt, wird es vor dem Steg oder Kai langsamer. Auch bei einer Fähre ist das so, wenn sie das andere Ufer erreicht. Sonst würde sie auf Grund laufen oder gegen Kaimauern fahren. Keine gute Idee. Besser ist es da schon, rechtzeitig zu bremsen. Aber wie macht der Kapitän das?

Kein Bremspedal

Ein Schiff hat keine Bremse. Es gibt kein Pedal wie zum Beispiel im Auto, auf das der Kapitän treten kann, um das Schiff abzubremsen. Er kann auch nicht einfach einen Anker auswerfen, um zu halten. Im Hafen ist es dafür viel zu eng und auf hoher See zu tief. Und nun?

Warum die Schiffsbremse noch nicht erfunden wurde

An den Erfindern liegt es nicht. Das Schiff stoppt ja auch, nur eben nicht durch eine Bremse. Das liegt an der fehlenden Reibung. Autos und Fahrräder haben Bremsen, wie du weißt. Sie stoppen die Rollbewegung der Reifen durch Reibung. Beim Auto reiben die Bremsbeläge an den Bremsscheiben und beim Fahrrad reiben sie an der Felge. Dadurch können die Reifen sich nicht mehr drehen, Fahrrad und Auto werden langsamer und halten an.

Mangelnde Reibung

Bei einem Schiff ist die Reibung viel geringer. Der Rumpf ist extra so konstruiert, dass er möglichst wenig Widerstand im Wasser erzeugt. Es dauert daher sehr lange, bis ein Schiff zum Stehen kommt, wenn es nicht mehr angetrieben wird.

Hilfe, ein Hindernis!

Je größer und schwerer das Schiff ist, desto länger ist auch sein Bremsweg. Große Tanker fahren auch nach dem Einleiten des Bremsmanövers noch mehrere Kilometer, bis sie endlich zum Stehen kommen.

So sieht eine Schiffsschraube aus.

Volle Kraft zurück

Um den Weg bis zum vollständigen Stopp des Schiffes zu verkürzen, gibt es nur eine Möglichkeit: die Schiffsschraube benutzen! Anstatt vorwärts zu fahren, wird sozusagen der Rückwärtsgang eingelegt.

Mit Einsatz der Schiffsschraube kann ein Schiff schneller gebremst werden.

Die Schrauben drehen in die andere Richtung und können dadurch die Vorwärtsfahrt bis zum Stillstand verlangsamen. Allerdings nur, wenn rechtzeitig in den Leerlauf geschaltet wird. Sonst fährt das Schiff dann einfach rückwärts.

Bei einigen Schiffen lässt sich die Stellung der Propellerflügel so verändern, dass das Schiff in die Gegenrichtung angetrieben wird, bis es nicht mehr vorwärts fährt. Ein schneller Stopp ist aber auch dann nicht möglich.

Woher weiß die Feuerwehr, wo sie gebraucht wird?

Feuerwehr, Polizei und Krankenwagen sind Tag und Nacht im Einsatz. Geht bei ihnen ein Notruf ein, machen sie sich ganz schnell bereit und fahren zum Ort des Geschehens. Jede Minute zählt, deshalb ist es wichtig, dass sie auf dem schnellsten Weg zum Einsatzort kommen. Aber wie finden sie den Weg?

Schnelle Hilfe

Stell dir einmal folgende Situation vor: Beim Spielen mit deiner Freundin habt ihr ein kleines, verängstigtes Kätzchen hoch oben in einem Baum entdeckt, das schreit und nicht mehr den Weg herunter findet. Was nun? Für euch ist der Baum viel zu hoch, um hinaufzuklettern und das Kätzchen herunterzuholen. Da kann vielleicht die Feuerwehr helfen.

Der Notruf geht ein

Ihr wählt die Nummer der Feuerwehr: 112. Euer Anruf geht in der Leitstelle ein. Das Gleiche passiert übrigens, wenn ihr bei der Polizei anruft. Auch dort gibt es eine Zentrale, in der die Anrufe eingehen.

Ein Mitarbeiter nimmt euren Anruf entgegen und stellt euch Fragen. Er will wissen, was passiert ist, wo ihr seid und noch einige Dinge mehr. Schon während ihr die Fragen beantwortet, trägt er eure Angaben in eine Datenbank ein. Dort werden alle Anrufe und Einsätze erfasst. „Aha, ein Kätzchen sitzt im Baum. Dann schicke ich euch mal einen Wagen vorbei."

Die fünf W-Fragen

Wenn du bei einem Notfall Feuerwehr, Polizei oder Rettungsdienst anrufst, ist es wichtig, folgende fünf Fragen zu beantworten: **Wo** ist der Notfall? **Was** ist passiert? **Wie viele** Verletzte gibt es? **Welche** Verletzungen gibt es? **Warten** auf Rückfragen – die Notrufzentrale beendet das Gespräch.

Der Einsatz

Der Disponent, so nennt man den Mann in der Leitstelle, der die Anrufe aufnimmt, alarmiert die nächstgelegene Feuerwache. Er informiert die Feuerwehrleute dort über die Art des Einsatzes. Die Feuerwehrleute bekommen alle wichtigen Informationen, also natürlich auch, wo sie hinfahren müssen. Nun machen sie sich bereit.

An die Feuerwache wird auch noch ein Fax mit allen Angaben geschickt. Da steht der Weg drauf, auf dem die Feuerwehrleute zu euch fahren sollen. Ganz moderne Einsatzwagen haben in der Regel ein Navigationsgerät. Der Disponent kann dann die Daten für den Weg gleich an das Gerät schicken, sodass das Einsatzfahrzeug sofort starten kann.

Bei einem großen Einsatz mit Feuer und verletzten Personen würde der Disponent zusätzlich auch den Rettungsdienst und die Polizei verständigen. In eurem Fall rückt jetzt nur ein Feuerwehrauto mit Drehleiter aus. Wenige Minuten später ist es da. Die Leiter wird ausgefahren, ein Feuerwehrmann steigt hoch und holt das verängstigte Kätzchen aus dem Baum. Ende gut, alles gut!

Wie macht die Kettenschaltung das Fahrradfahren leichter?

Hier kannst du deutlich die verschieden großen Zahnräder sehen.

Fahrradfahren kann ganz schön anstrengend sein, besonders wenn es bergauf geht. Dann musst du tüchtig in die Pedale treten, damit du vorankommst. Geht es dagegen bergab, saust du wie der Blitz hinunter und die Pedale drehen sich schnell und ganz leicht. Und bei einem Fahrrad mit Gangschaltung, wie ist es da?

Bergauf, bergab – kein Problem!

Mit einer Gangschaltung könntest du sowohl den Berg hinauf als auch wieder herunter ungefähr gleich schnell treten. Die Schaltung sorgt dafür, dass du unabhängig von der Strecke, die du fährst, ganz gleichmäßig und bequem in die Pedale steigen kannst. Auf ebener Strecke genauso wie am Berg. Das funktioniert natürlich auch, wenn der Wind dich schiebt oder wenn du gegen ihn ankämpfen musst.

Das Geheimnis der Zähne

Dein Fahrrad hat bei den Pedalen und am Hinterrad Zahnräder. Sie sind unterschiedlich groß und durch die Kette miteinander verbunden. Aufgabe der Kette ist es, die Kraft von den Pedalen auf das Hinterrad zu übertragen und es damit anzutreiben. Dann fährt das Fahrrad.

Die vorderen Zahnräder heißen Kettenblätter, die hinteren nennt man Ritzel.

Bergab

Jedes Zahnrad hat unterschiedlich viele Zähne. Das sind die kleinen Zacken auf dem Zahnrad. Hat das vordere Zahnrad zum Beispiel 44 Zähne und das hintere nur elf, ist das Verhältnis eins zu vier. Das bedeutet, dass sich bei einer Umdrehung des vorderen Kettenblatts das Hinterrad viermal dreht. Dafür musst du kräftig treten, aber das Fahrrad ist dann auch schnell. Das wäre zum Beispiel ein hoher Gang für eine Fahrt bergab.

Früher und heute

Früher waren die Pedale direkt mit dem Vorderrad verbunden. Jede Umdrehung der Pedale bedeutete eine Umdrehung des Rades. Mit der Erfindung des Kettenantriebs wurde es möglich, dieses Verhältnis mit einer Gangschaltung zu verändern.

Mit Gangschaltung geht es leichter!

Bergauf

Fährst du bergauf, schaltest du in einen kleineren Gang. Bei der Kettenschaltung kommt jetzt der Kettenwerfer oder Umwerfer zum Einsatz. Er legt die Kette dann hinten auf ein größeres Zahnrad, also auf eines mit viel mehr Zähnen. Vorne dagegen legt er es auf ein kleineres mit weniger Zähnen.

Nun musst du zwar häufig treten und kommst nicht so schnell voran, dafür ist das Treten aber nicht so anstrengend und du musst bergauf nicht schieben.

Quiz

1. Was bedeutet das griechische Wort „Telephone“?
a) Fernsprechen
b) Reinsprechen
c) Miteinander Sprechen

2. Warum heißt die Zentralbank auch Notenbank?
a) Weil sie Banknoten in Umlauf bringt.
b) Weil sie andere Banken mit Noten bewertet.
c) Weil die Mitarbeiter benotet werden.

3. Was verstehen Astrologen unter einem Trabant?
a) Das Sternbild Großer Wagen
b) Den Begleiter eines Planeten
c) Eine Staubwolke im All

4. Wie wird der Fisch für Fischstäbchen in der Fabrik angeliefert?
a) In Tüten
b) In Blöcken
c) In Kisten

5. Was bedeutet konservieren?
a) In Dosen füllen
b) Zerkleinern
c) Haltbar machen

6. Wie wird der Strichcode auch genannt?
a) Kneipencode
b) Barcode
c) Bistrocode

7. Was hilft dir nicht beim Telefonieren?
a) Dauerwellen
b) Mikrowellen
c) Schallwellen

8. Was bedeutet die Abkürzung MHD?
a) Mittelharte Dose
b) Meine Heimat Dresden
c) Mindesthaltbarkeitsdatum

9. Was ist nicht auf einer Bankkarte gespeichert?
a) Kontonummer
b) Telefonnummer
c) Name der Bank

10. Wie nennt man einen Lichtsensor noch?
a) Helligkeitsfühler
b) Dämmerungsschalter
c) Dunkeltaster

11. Wie heißt die Hauptstadt des Parfüms?
a) Grasse
b) Wiese
c) Rasse

12. Wofür steht die Abkürzung GPS?
a) Ganz Peinliche Situation
b) Green Police Station
c) Global Positioning System

13. Wo begegnet dir ein Wagnerscher Hammer?
a) In der Türklingel
b) Im Werkzeugschuppen
c) In der Astronomie als Sternbild

14. Welcher Temperatur entspricht Stufe 3 auf dem Thermostatventil?
a) 20
b) 25
c) 30

20. Grundwasser ist …?
a) Leitungswasser
b) Mineralwasser
c) Wasser aus dem Boden

21. Woraus bestehen fossile Brennstoffe?
a) Aus gepresstem Papier
b) Aus abgestorbenen Tier- und Pflanzenteilen
c) Aus Holz

15. Wo landen automatisch alle Anrufe über die Nummer 112?
a) Auf dem Pieper des Feuerwehrmanns
b) Bei der Feuerwache um die Ecke
c) Bei einer Leitstelle

22. Wo kann man Nachrichten für die Zeitung kaufen?
a) In der Arbeitsagentur
b) In einer Presseagentur
c) In einer Modelagentur

16. Wie wird Recyclingpapier noch genannt?
a) Büttenpapier
b) Umweltpapier
c) Zeichenpapier

23. Wie verbringt das Eichhörnchen den Winter?
a) Es macht Winterschlaf.
b) Es hält Winterruhe.
c) Es fällt in Winterstarre.

17. Was bedeutet kompostieren?
a) In Erde umwandeln
b) In Wasser auflösen
c) Erhitzen

24. Was bedeutet Fotosynthese?
a) Erzeugen mit Licht
b) Erzeugen mit Luft
c) Erzeugen mit Wasser

18. Was muss in den Sondermüll?
a) Buntstift-Reste
b) Tuschwasser
c) Lackfarbe

25. Was wird in einem Stellwerk gemacht?
a) Es werden Dominosteine auf Standfestigkeit geprüft.
b) Es werden Jobs vergeben.
c) Es werden Weichen gestellt.

19. In welcher Einheit wird die Helligkeit von Straßenlaternen gemessen?
a) Lux
b) Watt
c) Volt

Lösungen

1a, 2a, 3b, 4b, 5c, 6b, 7a, 8c, 9b, 10b, 11a, 12c, 13a, 14a, 15c, 16b, 17a, 18c, 19a, 20c, 21b, 22b, 23b, 24a, 25c

Glossar

Antenne: Teil eines Radiosenders oder -empfängers. Die Antenne strahlt Funkwellen aus oder empfängt sie.

Äquator: Der Äquator ist eine gedachte Linie, die die Erde in zwei gleiche Hälften teilt. Er liegt genau in der Mitte zwischen dem Nord- und dem Südpol.

Astronaut: Eine Person, die mit einem Raumschiff oder einer Rakete ins All geflogen ist.

Atmosphäre: Die Lufthülle der Erde.

Batterie: Sie speichert Energie in Form von Chemikalien (Batteriesäure). Treffen die Chemikalien in der Batterie aufeinander, entsteht Strom.

chemisch: Als chemisch bezeichnet man Prozesse und Gesetzmäßigkeiten, die von der Naturwissenschaft Chemie beschrieben werden. Die Chemie erforscht, welche Eigenschaften die Stoffe haben, wie sie zusammengesetzt sind und wie sie in andere Stoffe umgewandelt werden können. Oft meint chemisch auch künstlich.

Chip: Elektronisches Bauteil zum Verarbeiten und Speichern von Daten, bei dem unheimlich viele Funktionen auf kleinstem Raum untergebracht sind.

Daunen: Kleine, sehr weiche Federn, die zwischen den großen Federn eines Vogels sitzen und ihn warm halten.

Druck: Die Wirkung einer Kraft auf eine Fläche, zum Beispiel Luftdruck.

Dynamo: Er erzeugt aus einer Drehbewegung Strom. Der Fahrraddynamo lässt die Fahrradlampen leuchten, wenn du fährst.

elektrische Energie: Energie, die auf der Bewegung von elektrischen Ladungen beruht.

Elektromagnet: Er besteht aus einem aufgewickelten Draht, der sogenannten Spule, und einem Kern aus Eisen. Wenn Strom durch die Spule fließt, bildet sich um sie herum ein Magnetfeld, das den Eisenkern zu einem Magneten macht. Ein Elektromagnet ist also ein Magnet, den man ein- und ausschalten kann.

elektromagnetische Wellen: Sammelbezeichnung für Radio- und Mikrowellen, Infrarot-, Ultraviolett- und Röntgenstrahlen. Sie bestehen aus schwingenden elektrischen und magnetischen Feldern und breiten sich mit Lichtgeschwindigkeit aus.

E-Mail: Elektronische Post, die von einem Computer an einen anderen übermittelt wird.

Fäkalien: Kommt vom französischen Wort „fécal“ und meint meistens die festen Dinge, die man auf der Toilette ausscheidet.

Faktor, Faktoren: Umstand; etwas, das eine bestimmte Auswirkung auf ein Ergebnis hat.

Frequenz: Die Anzahl von Schwingungen, die es in einer Sekunde gibt.

Generator: Ein Generator ist eine Maschine, die mechanische Energie, also Bewegungsenergie, wie zum Beispiel die Drehbewegung einer Turbine, in elektrische Energie umwandelt.

genetisch: Bezieht sich auf die Gene. In den Genen ist gewissermaßen der Bauplan des Körpers enthalten. Gene werden vererbt.

GPS: Global Positioning System: ein weltweites Navigationssatellitensystem, um Standorte zu bestimmen und die Zeit zu messen.

Impuls: Eine kurzzeitige Änderung eines Zustands. Bei einem Stromimpuls ändert sich zum Beispiel für einen Augenblick die Stromstärke.

Kernspaltung: Alle Stoffe und Substanzen bestehen aus winzig kleinen Teilchen. Diese Teilchen heißen Atome. Jedes Atom hat einen positiv geladenen Kern und eine negativ geladene Elektronenhülle. Wird nun ein neutrales Teilchen, das ist ein weder positiv noch negativ geladenes Teilchen, auf den Kern geschossen, wird er dadurch in zwei Teile gespalten. Durch die so ausgelöste Kernspaltung wird Wärmeenergie frei, die dann über einen Dampfkessel und eine Dampfturbine in elektrische Energie umgewandelt werden kann.

Kühlmittel: Sie transportieren Wärme ab. Es gibt gasförmige, feste und flüssige Kühlmittel.

Lamellen: Lamellen sind flache Stäbe zum Beispiel aus Holz, die dicht nebeneinanderliegen. Eine Jalousie kann zum Beispiel aus Lamellen sein.

Laser: Er sendet einen stark gebündelten Lichtstrahl aus. Manche Laser enthalten so viel Energie, dass sich damit Gegenstände durchtrennen lassen.

Layout: Die gestalterische Anordnung von Text und Bildern bei Zeitungs- und Buchseiten.

Magnetfeld: Jeder Magnet hat ein Magnetfeld um sich herum. Es verbindet den Nord- und den Südpol des Magneten. Die Kraft des Magneten wirkt im Bereich dieses Feldes. Das heißt: Alles, was sich innerhalb des Magnetfeldes befindet, wird vom Magneten angezogen.

Mikrowellen: Winzige Energiestöße, mit denen zum Beispiel Telefonsignale zu einem Satelliten und wieder zurück transportiert werden können.

Mineralien: Bestandteile von Gesteinen, zum Beispiel Quarz, Quecksilber, Kupfer.

Planet: Ein Planet ist ein Himmelskörper, der sich auf einer Umlaufbahn um die Sonne bewegt.

Protokoll: In einem Protokoll wird schriftlich der Verlauf von Ereignissen wie Experimenten, Gerichtsverhandlungen und vielem mehr festgehalten. Es kann aber auch einen bestimmten Ablauf vorschreiben, zum Beispiel den eines Staatsbesuches.

Radar: Gerät, mit dem entfernte Objekte mithilfe von Radiowellen aufgespürt werden können.

Recycling: Recycling meint die Aufbereitung von Abfall, sodass er in neuer Form wiederverwendet werden kann.

Satellit: Ein Satellit ist ein künstlicher Flugkörper, der die Erde auf einer Umlaufbahn umrundet. Wetter- und Nachrichtensatelliten sammeln und übermitteln zum Beispiel Daten.

Scanner: Ein Gerät, das mit einem Licht- oder Elektronenstrahl Gegenstände oder Körper ganz genau abtastet.

Schallwellen: Schwingungen, die sich in der Luft fortpflanzen. Das Prinzip ist dasselbe wie bei Wellen, die entstehen, wenn man einen Stein ins Wasser wirft.

Strichcode: Auf Produkte aufgedruckte schwarze und weiße Balken unterschiedlicher Breite. Sie enthalten Informationen über das Produkt, zum Beispiel den Preis. Gelesen werden sie mit einem Scanner.

Styropor: Weißer Kunststoff, der aus kleinen zusammengepressten Kügelchen besteht.

Turbine: Eine Art Schaufelrad in einem Gehäuse, durch das Wasser oder Gas fließt und so das Schaufelrad in Drehung versetzt.

UV-Strahlung: Ist die Abkürzung für Ultraviolettstrahlung. Diese Strahlen kannst du weder sehen noch fühlen, riechen oder schmecken. Deine Sonnencreme schützt dich vor UV-Strahlen.

Vakuum: Ein ganz leerer Raum, in dem sich auch keine Luft befindet.

Register

Bildnachweis

dpa Picture-Alliance, Frankfurt: picture alliance/YPS collection 48 u.

www.fotolia.de: TheGame 9 o.; Herb 9 u.; Eisenhans 10 o.; AZP Worldwide 20 o.; Jürgen Fälchle 40 o.; mbt_studio 44 o.; phlppgrssr 56 m.; Irina Fischer 57 u.; Jesper 70 o.; Pavel Losevsky 71 u.; Marzanna Syncerz 76 u.; hs-creator 80, 81 (Wettersymbole); Phase4Photography 82 u.; sonya etchison 83 m.; FK-Lichtbilder 89 u.; marilyn barbone 92 o.; 14ktgold 93 u.; Martin Winzer 96 o.; pressmaster 96 u.; spiral 97 u.; Marc Slingerland 116 m.; Zuboff 128 u.; sumnersgraphicsinc 140 o.

www.shutterstock.com: qingqing 10 u.; Roman Sigaev 16 o.; sonya etchison 17 u.; Samson Yury 20 u.; Andrey Borodin 23 o.; auremar 32 m.; Pincasso 36 o., 37 u.; AISPIX by Image Source 45 u.; Viktor1 48 o.; Zsolt, Biczó 60 o.; Zurijeta 63 u.; Yuri Arcurs 100 o.; Rido 100 u.; Petrenko Andriy 104 o.; Joachim Wendler 105 u.; Serggod 108 o.; Tsian 108 u.; tele52 109 o.; urfin 112, 113 (Computer-Mäuse); Marcel Mooij 112 u.; Kruchankova Maya 116 o.; Olgysha 118 o.; Julia Ivantsova 120 u.; Petar Paunchev 121 o.; MaszaS 122 o.; Photobac 124 o.; Toranico 125 u.; nito 128 o.; Maridav 129 o.; Ivonne Wierink 132 o.; Shestakoff 132 u.; Szasz-Fabian Ilka Erika 136 o.; DrMadra 136 u.; gabczi 137 o.; Jordan Tan 146 o.; Maxene Huiyu 146 u.; Monkey Business Images 152 u.

www.istockphoto.com: Rob Friedman 23 u.

www.pixelio.de: RediSu 8 o.; RainerSturm 11 o.; Alan Rainbow 16 u.; w.r.wagner 20 m., 60 u., 61 o.; Bernd Bast 22 m.; Gabi Schoenemann 28 u.; Hartmut91 30 o.; Erika Hartmann 32 o.; Karl-Heinz Laube 33 u.; Rosel Eckstein 44 m.; berwis 52 o.; adel 56 o.; s.media 56 u.; Paul-Georg Meister 62 o.; michael hirschka 62 u.; BrandtMarke 71 o.; Christin Klein 82 o.; Dieter Haugk 83 u.; Petra Bork 88 o.; Aka 92 u.; Bernhard Friesacher 101 o.; Dieter Schütz 104 u., 152 o.; Alfred Heiler 117 u.; Aka 118, 119 (Kussmund); adampauli 120 o.; Thomas Rettberg 140 u.; siepmannH 148 u.; Templermeister 149 o.; Thomas Siepmann 153 o.

Sonstige: Urheber: BMK, Lizenz: cc-by-sa 53 u.; Urheber: Glg, Lizenz: cc-by-sa 77 o., 77 u.; Urheber: Markus Aebischer, Lizenz: cc-by-sa 80 o.; Urheber: Benjamin Gimmel, Lizenz: cc-by-sa 88 u.; Urheber: Begonia, Lizenz: cc-by-sa 122 u.; Urheber: Jeremy Engleman, Lizenz: cc-by-sa 124 u.; Urheber: Camper2, Lizenz: cc-by-sa 147 u.; Urheber: Jeff Archer, Lizenz: cc-by-sa 148 o.